真·古事記の邪馬台国

—正統竹内文書より—

竹内睦泰

青林堂

はじめに

人は、
　日であり、
　火であり、
　霊《ヒ》である。

火と水で
火水《カミ》である。
つまり〈神〉である。

人には肉体と霊体がある。
日と月の人がいた。
日御子《ヒミコ》と日巫女《ヒミコ》がいる。

はじめに

卑弥呼
日の巫女である。
邪馬台国女王である。

彼女が誰であるか。
そして、邪馬台国はどこにあるか。
それは、古代史最高の謎であった。
それを今、語ろう。

私は研究者ではなく
伝承者である。
第七十三世　武内宿禰である。
この伝承を、読者の皆さまに口伝を公開したい。
なぜ今なのか。
なぜ今になったのか。
……

そのことを
次の本で語ろう。

僕は真理と事実と真実は分けていえる。
ただ、私は聞いた口伝を後世に残しておくことが
自分の使命と思っている。

使命という状況で口伝を伝承者として語る。
それは研究者にとっても役に立つと思う。

私は日本を愛している。
そして、日本を愛し続ける。

第七十三世　武内宿禰

〈目次〉

第三章　ここに大和始まる

竹内睦泰が遺した言葉

大和バスツアーにて

【神武《ジンム》天皇と戦った那賀須泥毘古《ながすねびこ》】

東征してきた神武天皇に破れ、東北に逃れた日の本将軍・那賀須泥毘古（第二章　神武東征を参照）の本名は、登美能那賀須泥毘古《とみのながすねびこ》といいます。あだなは登美毘古。

那賀須泥毘古は奈良県桜井市にある等彌神社《とみじんじゃ》の隠れたご祭神だという口伝があります。「トミ」という音が暗にそれを明かしているわけです。

【神武天皇陵の選定】

神武天皇陵は、畝傍山《うねびやま》の北東の麓《ふもと》、橿原神宮《かしはらじんぐう》に北接しているところにあります。谷森善臣《よしおみ》という学者の知見として、当時、その近くに神武《じむ》田《だ》という田んぼがあり、橿原神宮に近いことと、その地名から神武天皇陵だと主張しました。

その後、いくつかの論争を経て、神武天皇陵ということで決定されました。ただし、神武天皇が崩御《ほうぎょ》されたのは弥生時代のこと。古墳時代ではないのです。

この矛盾について私は、「御霊を祀る」というとらえ方をしています。そういう気持ちがあれば御霊《みたま》、一霊四魂はそこに全部集まるからです。

【卑弥呼の死】

邪馬台国の女王、卑弥呼は鬼道《きどう》に通じていました。鬼は、昔は神といわれました。つまり、鬼道には神道の意味があるのです。

卑弥呼の死因については、「箸がほと（女陰）に刺さって亡くなった」といわれていますが、それは、実は夫を得たということの隠喩です。結婚し、男性と交わったということ、その象徴としての〝箸〟なのです。

当時、巫女は神聖な存在でした。ですから夫を得て、男性と交わるということは、巫女の役目が終わるということを示しています。

ところで邪馬台国・卑弥呼はいわゆる「欠史八代《けっしはちだい》」、第二代綏靖《スイゼイ》天皇から第九代開化《カイカ》天皇のころのお話です。

そこはしっかりと、押さえておいてください。

【古代史最高の謎・箸墓古墳】

奈良県桜井市にある箸墓《はしはか》古墳は、卑弥呼の墓だといわれています。天皇陵ではありませんが特別なところ、奥津城《おくつき》です。

また、日本でいちばん古い前方後円墳でもあります。古代祭祀では山を拝んでいたため、それを人工的に作り上げたのが古墳です。遥拝所《ようはいじょ》には鳥居がありますが、神道では神域という意味として鳥居が設けられています。ここでは柏手は打たないのが作法。礼のみにします。

【邪馬台国論争】

卑弥呼といえば、小学生でも大学教授や歴史上の人物と戦える面白さがあるのが、邪馬台国論争です。

邪馬台国には独特の歴史観、世界観があります。歴史のロマンが息づく一方で、大人の事情となると少々変わります。有名な話ですが、九州説の東京大学と畿内説の京都大学では、大学内で異説を唱えると昇進がなくなるという権威がモノをいいます。

【大神神社】

奈良県桜井市にある三輪山《みわやま》は、山そのものがご神体です。三輪山の神は蛇体であらわれます。蛇＝龍です。ご祭神は大物主大神《オオモノヌシノオオカミ》＝饒速日命《ニギハヤヒノミコト》＝大年命《オオトシノミコト》（須佐之男命《スサノヲノミコト》の四男）で、大和の王です。

古墳の話

【前方後円墳について】

意外に思われるかもしれませんが、神主は内緒で古墳に入ることができます。なにしろ神道関係者ですから。まだ学者が入っていない古墳も多々あります。たとえば……これは内緒です（笑）。

私が死んだら前方後円墳で眠りたいといったのは、神主だからです。

神道における普通のお墓は、奥津城《おくつき》と呼ばれます。

円墳は人工の山、つまり神体山を造るということです。そのときに円墳を拝むための拝殿となるのが、方墳です。

ですから前方後円墳は、方墳部で祭祀を行い、墓である円墳部を拝むという形なのです。だからこその形式であり、そこが私は好きなのです。神主として……。

天皇陵には、道教的な八陵墳（八角形の古墳）というものもあります。天武《テンム》天皇・持統《ジトウ》天皇陵がその代表です。

また近年は古代のスタイルに戻り、上円下方墳が造られています（大正天皇陵、昭和天皇陵など）。

私がこっそり古墳に入るのは、やはりフィールドワークが大切だからです。たとえば第四十代天武天皇と第四十一代持統天皇の陵墓参考地とされている三瀬丸山《みせまるやま》古墳（奈良県橿原市）ですが、実際には欽明《キンメイ》天皇陵です。今、欽明天皇陵に指定されている古墳は、間違いだと思います。ちなみに古墳の入口は狭いですが、内部は広々としています。

【箸墓古墳へ潜入】

夜麻登登母母曾毘売命《ヤマトトモモソヒメノミコト》が眠るとされる箸墓古墳。ある大雨の日、私は数人の仲間と共にこっそりとこの古墳に潜入したことがあります。

防犯カメラが作動していないことを確認してから、全員、軍用コートを着用して、「いざ、決行！」。

計画通り忍びこみに成功し、雨の中を前進また前進、とにかく前進あるのみ。目的は、ここに卑弥呼がもっていた「親魏倭王」と刻まれた金印があるのではないかということで、その探索のためです。金印が出れば歴史的大発見です。

「十億円はするかな？」

「邪馬台国の証拠がついに奈良から出るかな？」

まさにトレジャーハンターになったつもりでした。

そんな想いを馳せながら、手がかりはないかと仲間と探っていたら、なんとレインコートを着た三人の老人と遭遇。この老人たちはいったい何者なのか？　こわい。仲間たちもこわいといいはじめました。

すぐさま撤収！　急いでその場を去ったのです。

一年後、あることが発表されました。

年輪年代測定法という方法で、箸墓古墳がいつごろ造られたものかを調べたところ、卑弥呼が亡くなった時期と重なっていたという、新しい見解が提出されたのです。まさに定説を覆す発表です。じつはあのときの三人の老人たちは、その調査をしていたのです。それにしても、年輪年代測定法でわかってしまう、自然の力というものはものすごいですね。

そのときにひとつ、思い出したことがあります。

大学時代、「歴史読本・別冊」という雑誌に論文を載せました。そこで私は、箸墓古墳の造られた時期を当時の定説とは違う年代に特定しました。それがまさに卑弥呼の亡くなった時代だったのです。ところが次号の同誌で、私の論は東京大学のある教授から、数ページにわたってぼろくそに否定されました。

でも、結局は私の説が正解だったわけです。

東大教授に勝った！　そんなことがあったのです。しかし実はそれは私のオリジナルの説ではなく、『正統竹内文書』の口伝により知っていたというのが本当のところなのですが。

【仁徳天皇陵へ潜入】

そのほかにも、本来なら入れない古墳にもいくつか潜りこんだことがあります。まあ、ほとんどは内緒の話ですが……。

そのひとつが、大阪府堺市にある仁徳《ニントク》天皇陵。近くのアパートの地下に抜け道があり、そこを通るとお濠をくぐって潜入ができたのです。

私は大阪、奈良、京都はホームですから、子供のころから忍びのごとく〝道なき道〟を探索し、熟知していました。やはりフィールドワークは私の原点です。歴史の舞台となった場所に立つことは大切です。

そこに、タイムマシンのようにビジョンがあらわれたりします。

また私は、歴代天皇陵を守ってきた多治比《たじひ》一族と知り合いです。「たじひ」は「マムシ」という意味で、仁徳天皇陵は実際にマムシを使って守っていました。多治比一族はマムシを操ることができるのです。今も天皇陵を静かに守っています。

仁徳天皇が武内宿禰《たけのうちのすくね》に送った和歌があります。雁の卵の歌です。

「たまきはる　内の朝臣　汝こそは
世の長人　そらみつやまとの国に
雁こむときくや」

それに対する武内宿禰の返歌は、大阪の三島郡で詠んだ歌です。

「高光る　日の御子　うべしこそ　とひたまへ
吾こそは　世の長人　そらみつ　倭の国に
雁こむと　いまだきかず」

竹内街道考

【「山の辺の道」はご神業】

日本最古の道、山の辺の道は、ただ歩くだけでご神業になります。また、鎮魂の行でもあります。歩くだけで価値があるのです。

まずは大神神社から。

ここは三輪山自体がご神体なので、拝殿しかありません。そのスタイルは、古神道に近いものです。ご祭神は大物主（天照国照櫛玉饒速日《アマテラスクニテラスクシタマニギハヤヒ》命《ミコト》）。お酒の神様です。大国主も祀られていますが、名前が似ているだけでこれは別の神です。

次に、狭井神社《さいじんじゃ》に行きます。

こちらは、神界への入り口です。「サイ」とはユリの花のこと。三輪山へ登るときにはここで許可をもらいます。三輪山山頂口で白いたすきをもらい、山頂に向かいます。山頂には三本の杉があるので、花粉症の人にはつらいかもしれません。ここでは蛇の形で神が登場するので、決して危害を加えてはいけません。ですから、夏は避けたほうがいいかもしれませんね。ここは私にとって神秘体験があった御社なので、思い出深いところでもあります。

重要なのは檜原神社《ひばらじんじゃ》。ここも山を拝みます。倭笠縫《やまとかさぬい》の元伊勢です。邪馬台国の二代目の女王、台与《とよ》の宮でもあります。

ここを参拝して振り向くと、何が見えるでしょうか。

正面に二上山《にじょうさん》。左に葛城山《かつらぎさん》・金剛山《こんごうさん》。右に信貴山《しぎさん》・生駒山《いこまやま》。左前方に大和三山。右前方に箸墓古墳。竹内家の信仰する二上山の本山。この二上山の間の太陽を、数々の聖山を従えながら拝むことができます。

第七十三世武内宿禰としての神業なのであります。

また、三輪では「森正」の三輪素麺がおすすめです。囲炉裏の横のオープンエアで食せます。にゅうめんはシンプルですが絶品ですよ！

【竹内街道は心理情報戦の道】

日本最古の官道は竹内街道です。大和と河内を結んでいます。奈良県桜井市の三輪山を起点とし、ほぼ一直線に二上山を眺め、竹内峠を越え、大阪湾の堺に至る街道です。桜井から逆に歩けば初瀬街道があり、その先には伊勢神宮があります。現在は国道一六六号線になっています。

さらに添えの道として丹比道《たじひ》があります。

竹内街道を管轄するのは、歴代の武内宿禰。もしくはその補佐です。

実際には、平群氏《へぐりうじ》が失脚した後は葛城氏・巨勢氏《こせうじ》・蘇我氏《そがうじ》が管掌《かんしょう》しました。彼らはすべて、武内宿禰の子孫です。それが日本国の大臣《おおおみ》となる資格なのです。

西暦六四五年に阿倍内麻呂《あべのうちのまろ》が左大臣になるまでは、それはかならず武内（竹内）一族の指定席でした。元首相の安倍氏はその子孫です。麻《あ》生《そう》太《た》郎《ろう》元首相は、竹内家の人間です。竹内茂が吉田家に養子に入り、吉田茂となりました。その孫が麻生太郎です。

竹内街道は、外交と貿易の中心でありました。難波港と飛鳥の都を結ぶものであり、きわめて重要な道だったのです。

外交上で重要なのは、対心理情報戦です。

当時、世界ナンバーワンを自負していた中国からの使者は、竹内街道で日本に屈服します。日本に着いて、はじめて本格的に陸地を歩いた彼らが、そこで目にしたものは、なんでしょう。

エジプトのクフ王のピラミッドよりも大きく、秦の初代皇帝、始皇帝の墓よりも大きい世界最大の墳墓、仁徳天皇陵を見るのです。海外からの使節たちは、これに驚愕《きょうがく》しただろうことは十分に想像できます。

なお、クフ王のピラミッドの内部は、古代の出雲大社と設計がほぼ同じになっており、スフィンクスは神社の狛犬と解釈することもできます。またピラミッドはふたつあるので、片一方が祭祀用の方墳、片一方が埋葬用の円墳であった可能性が高いのです。

武内一族以外で大臣にまでなった一族としては、阿倍氏と多治比《たじひ》氏がいます。

武内（竹内）は、武という名前で武術を、竹という字で食を、そして笹を使うことによってお茶などの医薬、さらに竹簡によって歴史を伝えてきました。

【大和と竹内街道】

武内氏の長が武内宿禰であり、その武内宿禰の名を世襲としているように、多治比一族は多治比真人《たじひのまひと》を世襲名としています。この多治比一族は前述のように部下の多治比部を使い、歴代天皇の陵を守ってきました。

三輪山から発した竹内街道は、まもなく神武天皇が即位した橿原宮に到達します。そして、人工ピラミッドと噂《うわさ》される大和三山に至ります。

大和三山とは、畝傍山《うねびやま》、耳成山《みみなしやま》、天香久山《あまのかぐやま》のことをいいます。

地図上で確認してほしいのですが、大和三山は二等辺三角形をなしています。また二等辺三角形の頂点から底辺に垂線を引くとその延長線上に三輪山があり、垂線の頂点側の延長線上には忌部山《いんべやま》と葛城山がありま す。

このあたりを治めていた葛城一族は、もちろん武内宿禰の子孫です。同族であると同時に側近でもありました。あるいは当麻一族もいて、史跡としては当麻寺があります。また、二上山ふるさと公園という広大な公園もあります。なお、竹内峠の周辺は地名も竹内で、さらに進むと、竹内街道歴史資料館があります。この竹内集落にはかの松尾芭蕉《まつおばしょう》も訪れており、それは『野ざらし紀行』にも載っています。随行していた門人、苗村千里《なえむらちり》の家に滞在して詠んだ句があります。

「わた弓や　琵琶に慰む　竹のおく」

この句碑は竹内集落に綿弓塚として残っています。

【墓と竹内街道】

竹内集落から下ったところには、聖徳太子の墓をはじめ、用明《ヨウメイ》天皇陵、推古《スイコ》天皇陵、敏達《ビダツ》天皇陵など、この近くには多くの天皇陵が集まっています。さらに進んでいくと、源頼信《みなもとのよりとも》、源頼義《みなもとのよりよし》、源義家《みなもとのよしいえ》の墓もあります。

先ほど、外交上重要な街道だと書いたのは、初代遣隋使・小野妹子《おののいもこ》の墓もこの近くにあるからです。

このあたりで一番大きい寺は叡福寺《えいふくじ》であろうと思いますが、ここには日蓮《にちれん》や親鸞《しんらん》、一遍《いっぺん》といった名僧たちも参詣し、聖徳太子の著作である『未来予言記』を拝して自分たちの生きる道を明確にした、といわれています。

竹内街道は、二上山を水源に持つ飛鳥川に沿っています。区分としては、難波宮から二上山までが「近つ飛鳥」、大和側が「遠つ飛鳥」と呼ばれています。合流地点は「石川」です。石川もまた、武内一族です。そして都市名は古市。つまり、応神《オウジン》天皇陵がある場所です。

その先には葛井《ふじい》寺があります。彼らの同族の津連は港の管理、船連は船の船舶税を司ります。そして、この近くに土師氏《はじうじ》の氏寺、道明寺《どうみょうじ》があります。ちなみに私が一番好きな和菓子は「道明寺」です。

私のもっとも好きな歌人、西行《さいぎょう》法師が死んだ場所も、竹内街道に近い場所、弘川寺です。

「ねがわくは　花の下にて　春死なむ
　その如月の　望月のころ」

西暦一一九〇年、桜の木の下で、満月の夜に彼は生涯を閉じています。この寺の歴史はとても古く、修験道の開祖・賀茂《かも》一族の役小角《えんのおづぬ》の創建と伝えられています。

竹内街道を歩かれる方にお勧めなのが、精進料理の当麻寺の中之坊です。ランチなら二千円もかかりません。ただし、予約をしていくことをお勧めします。周りに店がないからです。お土産は、お酒なら御所市の葛城酒造の「百楽門」です。水は金剛山の地下水を使用。南朝の楠木《くすのき》正成《まさしげ》も愛したという銘水です。

そして料理に欠かせない包丁は、竹内街道の終着、堺刃物伝統産業会館の包丁を求めるべきでしょう。現在、食のプロの九割が使っているという刃物がこれなのです。やはり大阪は、食の都です。

竹内神道こぼれ話

【占いを始める！】

これから私は、「竹内流！　北斗宿曜《すくよう》占星術」を、毎朝のひと言として語っていこうと思っています。宿曜占法とは、二十七宿と七曜、十二宮（占星術）をまとめあげ、占術として体系化したものです。

神も占いをします。太占《ふとまに》や亀卜《きぼく》、盟神探湯《くかたち》はその代表ですが、だれにでも生まれもって授けられた〝力〟があります。それは名前や誕生日に隠されているものです。宿曜占星術は当たりすぎて恐いですが。

私の名前は睦泰《むつひろ》といいます。お寺の住職さんによる命名でした。「イミナ」といって、わざと読みにくい一字を当てます。〝泰〟という漢字は通常は「やす」と読むので「ひろ」とは読めません。〝音〟を隠すのです。弟の名前もそうでした。

ちなみに〝睦〟という漢字は明治天皇の御名「睦仁」にもあり、花押にも使われた漢字です。「む」という〝音〟は結びの「む」でもあります。

また、竹内は「竹」で木。睦泰の「泰」が水。火は蝋燭《ろうそく》から、金は刀剣から、土は大地から気をいただきます。これに加えて、風や雲の気もいただきます。太陽からは命の光を、月からは癒《いや》しの光をいただきます。

私の誕生日の十二月十七日の「十七」という数字は、奇数と偶数の最高数（八と九）が合わさったものです。聖徳太子がつくった「十七条憲法」も十七。数霊にもあるように、数字にも〝力〟が宿っているのです。数字の場合は宇宙の力でしょうか。

また、人間の五感あるいは五官には、神とつながる道（経路）のようなものがあると私は思うのです。ビジョンを見る、音が聴こえる、夢を見るという現象からも、近未来や過去を知ることがあります。

【神や天とつながる！】

ここで少し、古い話をいたしましょう。

私はもともと、おおよそ神道とは縁が遠かったのです。古神道を信仰するようになったのは、夢がきっかけでした。伝承や歴史、信仰、使命に疑問や不明な点があったときに、夢からヒントを得たことも何度かありました。夢の中で神意を得たことが少なからずあったのです。

竹内神道を再興してからは、一年間の歩みと将来についての考えを伊勢神宮に奉告したときに、私は頭から水をかけられたのです。水の禊《みそぎ》を神によって受けたのです。これこそ神のお示し、ご神示です（もちろん服はぬれていません）。このとき私は、血脈、霊脈、法脈の三脈道統および極秘伝を相称したのです。

第七十三世武内宿禰としての行法を執行することによって得たもの、見たものも多々あります。神主になる前は、実は真言密教の僧侶でした。真言密教の修行をした一番の目的は超能力を得ることでしたが、結果、神仏習合になりました。

神とつながることができれば、そのときに必要な言葉を聴かされたり、あるいは現象として何かが起きたり、動植物が教えてくれたりするなど、意外と身近なところで神や天とつながることがあるものです。私自身がそうでしたから。

これまでと違う目、耳、鼻、口、肌の感触……そういった個々の〝力〟に気づくと、新しい景色や未来が見えてくるものです。神の世に近づく令和の時代にこそ、古代の人々が使っていた神とつながる術、神との対話が、この時代を生き抜く〝力〟になることを思いださなければなりません。

大変なときほど長いと感じるし、幸運は「中今《なかいま》」でつかまえないと、逃げていってしまうものです。古式は案外日本人に合っているのです。

蛇足ですが……。

「月がオレンジ色に光っていたら地震が来る」

これは何度か経験しています。けっこう大きな地震があったときもありました。ブログやフェイスブックで報告したこともあります。いつもと違う景色や色は月に限らず、見たら要注意！　心眼で見る場合もあります。

【「勇」の番外編】

竹内神道には、柔術もあります。竹内流柔術といいますが、敵を知る必要もあるという意味で、他の流派の技も習得しています。

また「抜け道」についてもかなり調査し、さまざまに使ってきました。

たとえば複数の敵からの襲撃にあったときには、まずは一撃で戦意を喪失させ、細い道に誘い込み、ひとりずつ倒していけば一対複数人でも勝てます。東京都内は道とビルが複雑に絡み合っているので、逃げるときにはそういった環境を利用して敵を煙に巻き、逃げるのが基本です。

相手に狙われないために、たとえば中国人街を歩くときは中国服を着て中国名を名乗ったり、韓国に旅行にいったときには韓国の若者と同じような服装をして、日本人に見られないようにしていました。

【世界が認めた古神道】

かつて「別冊歴史読本特別増刊号『古神道・神道の謎を解く』」に、「ウルトラマンにおける神道社会学的一考察」という論文を書き、「ウルトラマンは神道である」と結論づけたことがあります。

神道といっても、戦前の国家神道ではありません。あらゆるものに神が宿るアニミズムであり、太古の世界中の人々が持っていた共通認識、古神道です。なので、『風の谷のナウシカ』や『もののけ姫』ももろに古神道の世界です。私からすれば、宮崎アニメも神道なのです。

世界がこうした作品を認めたということは、世界の共通認識として古神道の時代が来ているということでしょう。

古神道本庁参議会でも私は、そう発言しています。

キリスト教のなかにも古神道はあります。クリスマスツリーは典型例で、注連縄《しめなわ》を巻いたら古神道です。真言密教も古神道で、真言はまさに言霊です。ヨーガは息吹永世之行法《いぶきながよ》ですし、スピノザも汎神論《はんしんろん》も古神道です。道教や陰陽道に至っては、露骨《ろこつ》なまでに古神道そのもの。古神道にネックがあるとすれば、唯一、人を救うものではないということでしょう。人を安らかにはしますが、そういう意味では宗教ではないといえます。

ちなみに科学万能主義の人だって、科学教の信者です。信仰対象は人間の頭脳で、「一＋一＝二」を信仰したピタゴラス教団の分派です。

共産主義も宗教です。教祖はマルクス。教典は資本論。教義は平等。現実には平等は自由を制限するものですが。

新興宗教に入る人が多いのは、人は何かを信じることですごく楽になれるからです。とくに怒りっぽい人は、何か支えがないと不安で仕方がないのです。

もしもあなたが、「偶然の一致・たまたま・シンクロニシティー」に何かを感じるのなら、立派に古神道の信者です。

【「いただきます」も省略語】

「いただきます」は「あけおめ、ことよろ」などと同じ省略語です。

正式には、「天地のめぐみ、高く箸をあげ、感謝し、いただきます」といいます。

よく「正しい日本語を！」という人がいますが、その人はこの言葉を知っているのでしょうか。しかもこれは、本来は神道用語です。江戸時代には仏教が中心とされたため、拝み箸はマナーとしてダメだとされていました。でもこれが本来の食事の作法であり、拝み箸がダメというのは仏教の、それもとくに中国の思想なのです。

ですから、こういうことをマナー違反だという人は、尖閣諸島は中国領だと主張しているようなものです。私は日本人とは認めません。国際法的に尖閣諸島は日本領です。それを認めないという人は、地球の外にでも出ていただきたいものです。

【最古の書物？『高橋氏文』】

『高橋氏文』という古文書があります。これは正史にも加えられていて、実は『古事記』『日本書紀』よりも古いものです。ではいったい何の本かというと、料理の本なのです。食という言葉は、「人を良くする」と書きますが、人間は食と睡眠が重要ということで、生きる基本の本といえます。

高橋というのは、先ほど述べた「高き箸」に通じるものです。

その高橋氏と仲が悪いのが安曇《あずみ》氏です。

安曇氏は「海軍総司令官」の家柄で、高橋一族は全国の料理人の頭です。そしてそれらをすべて管轄するのが宮内省大膳寮《だいぜんりょう》長官、大膳太夫家、竹内家なのです（室町時代のお話ですが）。

問題は多々ありますが、全国の料理頭を統括する立場にある竹内家としては、高橋家を無視できません。しかし神功《ジングウ》皇后の「三韓征伐」の折より海軍を率いてきた安曇氏は、物流を管掌しています。

南朝時代は物流を忽那水軍が担当しましたが、基本は安曇水軍、河野水軍、忽那（こつな、くつなともいいます）水軍でした。

ということで、料理をする人と仕入れをする人の関係――これが非常に困ったものだったわけです。

すでに書きましたが、奈良から大阪に向かう日本最古の官道、竹内街道は、隋や唐からの使者を迎えるときに、エジプトのピラミッドよりも巨大なもの――羽曳野《はびきの》の仁徳天皇陵――を見せるためのものでもありました。

唐突ですが、その羽曳野の名産といえばイチジクです。

数年前、大阪で大きな動きが起こりました。

大阪といえばお好み焼きで、お好み焼きといえば、おたふくソースを連想する人も多いことでしょう。けれども大阪では、イチジクソースが人気となったのです。甘みがあり、フルーティーだからでしょう。

これを作ったのが、高橋三兄弟でした。つまり、ソースの新しい時代が高橋氏によって開かれたということです。

また、調味料ということに関していえば、冬のシーズンに好まれるのが鍋料理です。そこで使われる調味料に、柚子こしょうがあります。その柚子こしょうにあるものを加えて、新しい商品が作られました。

「ゆずすこ」です。

お酢を加えたことによって、パスタやピザ、唐揚げにも合うようになっています。

その販売元は、どちらも高橋商店。まさにここでも高橋家が、動きだしたわけです。

【和魂洋才とアンパン】

「和魂洋才」というのは、いい言葉だなと思います。

日本の心と西洋の技術、それぞれのいいところを取るわけです。

洋服を着ていても心は日本！　それを率先して実践されたのが明治天

皇でした。宮内卿・伊藤博文《いとうひろぶみ》の宮中改革により、皇居から和室がなくされ、洋風の生活となりました。もちろん、宮中祭祀は祭服でしたが……。なぜこのような話になったのかというと、昨日の朝食がアンパンだったからです（笑）。和テイストのアンを西洋風のパンで包む——表面は西洋風でも中身は日本！　そんなことを考えてしまいました。

【縄文土器（火焔型土器）と和食】

「一万年と二千年前からあ・い・し・て・る」

この歌詞は縄文ファンのハートをわしづかみにしました。世界初のワインと世界初のリゾットは、縄文時代の日本から生まれたのです。縄文土器は、その証明となる世界最古の土器です。

放射性炭素C十四測定法により、中国最古の土器より三千年も古いものであることが証明されています。

スローフードとしての和食、伝統的な日本食が、栄養のバランスがとれた健康にいいものとして注目されています。漢字で「食」は「人に良い」と書きます。美味しいものは精神的にも体に良いということです

（ちなみに体も「人の本」と書きます）。

「食育」とは、この原点に戻ったものなのです。

前述のように、日本はワインとリゾットの発祥の地です。

「ええっ？　文明の発祥は六千年前のシュメール、メソポタニア文明なのではないの？」

そう思われるかもしれません。

料理とは基本的には「生・焼く・蒸す・茹でる」です。茹でるためには何が必要か。そう、土器ですね。先ほど書いたように、世界最古の土器は日本の縄文土器なのです。

時代は一万二千年前ですから、シュメールの二倍も古いものです。

そもそもシュメールは「SUMERU」と表記し、「葦《あし》の多い土地」という意味です。そして日本の古い国名は「豊葦原国」「葦の豊かな地」。世界最古の文化と最古の文明には、何らかの関係があるのかもしれません。

一万二千年よりも前の世界は、地表を氷に覆われた氷河時代でした。けれども日本列島は火山帯が多く走っているため、人類の生存に必要な火山・地熱・温泉が各地に存在していました。そこに暮らす人々が、

「土を熱すると硬くなる」という化学変化にいち早く気がついたとしても不思議はありません。こうして一万二千年前に世界最古の土器、日本の縄文土器が誕生しました。これに次ぐ古い土器は中国の竜山土器ですが、八千年前のものです（放射性炭素C十四測定法に基づく数値）。

日本ではこの縄文土器を使って、麦や米などの穀物を煮て食していました。日本では雑炊、西洋ではリゾットと呼ぶものがそれです。また野菜を煮込んだり肉を煮込んだりもしました。日本では鍋、西洋ではスープやポトフといったものになるはずです。ちなみにフランス語のスープの語源は「スーペ」で、「主食」という意味です。

【日本酒は神に捧げるもの】

日本食にもっともよく合うアルコールとして、日本酒があります。

十数年前までは、日本酒は日本の若者にまったく人気がありませんでした。しかし、日本酒が嫌いという人の大半は、「美味しい」日本酒を飲んだことがなかっただけなのです。

アメリカで日本酒の草分けとなった人気のお店「NOBU」では、日本酒のなかでも吟醸酒に力を入れてきました。

「ライス・ワインやサケはまずいけれど、ギンジョーはいいね！」

そんな声が聞かれるようになったのです。実際は全部、日本酒なのですが……（笑）。逆に「醸し人九平次」のように、パリで格式を誇る三ツ星レストランでワインリストに掲載されるレベルの日本酒もあります。

縄文時代の日本のお酒は、まだ今の日本酒ではなく「山ぶどう」を発酵させたお酒でした。そう、ワインです。つまみは栗やどんぐりを粉にして焼いたクッキーです。縄文人の豊かな食生活が、近年の研究によって蘇ってきているのです。

日本酒は、稲作が本格化する紀元前三世紀ごろに始まったものと推定されています。米の命をいただく「命の水」です。

米を使って作る「酒」は神に感謝し、お供えするという重要な意味を持っています。ですから祭りでも、感謝を捧げてお酒をいただきます。

酒造りは火と水による製法――つまり「火水《かみ》」＝神の酒です。その「酒」は、古代大和の最初の支配者である、三輪山の「オオモノヌシ」に捧げられたものでもあります。現在でも、三輪山の大神神社《おおみわじんじゃ》からは、酒屋や居酒屋へ杉の酒林が頒布されています。

「酒」の原料となる米は、日本人にとっては特別な食物です。神に供えた後、食する神撰《しんせん》料理の中心にありました。日本の伝統的信仰である神道も農耕儀礼が中心であり、米にそれが代表されます。

米には「八十八」の手間をかけるということで、それが漢字に入っています。米を握る握り飯を、「おむすび」といいます。「むすび」とは「結び」であり、「産霊《むすび》」＝「霊を産む」と書きます。

握ることによって米の生命力を凝縮し、霊や気（スピリッツ）を産むのです。気は本来は「氣」と書きます。文字に米が入っているのです。

「むすび」は大和族の高御《タカミ》産霊《ムスビ》神《ノカミ》の「ムスビ」。「にぎる」のは出雲族の饒速日命《ニギハヤヒノミコト》の「ニギ」です。

さらに、お茶もまた八十八夜の手間をかけます。「米・酒・お茶」は、日本人にとって特別なものといってよいでしょう。

【天皇と武内宿禰とサンカ】

太古、日本の原住民だった「サンカ」を漂泊民族にしたのが天皇家であり、武内宿禰でした。原日本人の「サンカ」に対し、侵略者である武内宿禰が、彼らから歴史と秘儀を奪ったと思われます。

天皇家は太陽信仰の一族で、山のなかに住むという「泣いた赤鬼」は、天皇族＝朝廷に追われて山に入った原日本人の子孫である可能性が高いのです。その原日本人の歴史は、神代文字で書かれていたのでしょう。

もともと天皇と古神道は、何ら関係はありませんでした。それが現在、関連付けられているのは、原日本人の歴史と秘儀を奪ったことと関係があります。そうして作られた歴史や秘術を、正統竹内家が口伝で継承してきたのです。

なお、「サンカ」というのは一般的に、山から山へと移り住んだ人々や、旅芸人など土地から土地へと移り住む人々を含んだ呼称とされています。現在も戸籍は持っておりません。

【漢字と音】

『古事記』を読み進めるときに、注意してほしいことがあります。

それは『古事記』に含まれた「言霊の妙」を知ることです。

漢字や音には、すべて秘密があります。たとえば天皇や皇子の本名について、どんな漢字が使われているのか、あるいはどんな「音」が含まれているのか、それを気にとめながら読み進めることが重要です。

古代では「耳・美々」という漢字（音）が目につきます。あるいは人の名前に、体の一部の漢字が入っていることも多いです。はたしてその意味とは？

「古代は神の声を聴いて物事を決めたり、国造りをしていたからだ。耳の時代だ！」

これがその答えとなります。

【古代豪族の名前】

古代豪族の間では一時期、人間にも動植物の名前をつけることが流行りました。わが竹内一族からは平群真鳥（鷲）、平群鮪（マグロ）。そして鮪の弟は平群堅魚（カツオ）。蘇我氏からは蘇我馬子《うまこ》、入鹿《いるか》。若子《わくごの》宿禰《すくね》の子供は真猪。猪でも食べたのでしょうか。葛城一族からは、熊道。熊の胆でもとっていたのかもしれません。

さらには葛城蟻もいます。その玄孫は聖徳太子の側近、葛城烏那羅《かつらぎのおなら》です。

藤原氏には、魚名や馬養（後の宇合）もいますし変わった名前ですが、そういうものを親が好きだったのでは、とも思います。

飼っていたのか、食べていたのか、わかりませんが、動物と人間が共生していた時代の象徴なのかもしれません。

こうしたことをひとつでも知ると、いろいろなことに奥行きのある見方ができて、面白くなってくるはずです。

ほかにも美称《びしょう》となる漢字に注目したり、「国つ神とは？」「豪族とは？」と、何かを意識しながら『古事記』を読み進めるといいでしょう。

【『古事記』と『日本書紀』の関係について】

『真・古事記の宇宙』で書いたように、『古事記』は国内向け、『日本書紀』は海外向け（主に中国が相手）となっています。けれども、それとはまた別な側面もありました。

同時代に歴史書をふたつに分けたのは、両方を読み込まなければ解明できない、「ある仕掛け」を組み込んだからなのです。

真実を伝えるためにあえて嘘を作り、それをさまざまな形に手を加えて分散して伝えていく――古代人はそうやって、日本民族の長い歴史や秘密を守ってきたのです。大事なことを隠しながら、わかる人にはわかるように暗号として織り込む手法は、後世に情報を伝えていくための古代人の知恵ともいえます。

『古事記』と『日本書紀』はふたつでひとつです。対になっている、「双子の書」ともいえるわけです。

もしも本格的な謎解きにチャレンジするなら、古史古伝や民話、伝説などのさまざまな古書にも触れ、自ら研究者になることが真相に近づく近道となります。重要なのは「歴史」に対する自分の眼、「時間の視野」を広げていくことです。口伝はその一助となるでしょう。

なお、正統竹内文書の今後の口伝伝承についてですが、長老家が語り継いでいるので途絶えることはありません。心配無用です。

武内睦泰のつぶやき

【SNSでしきりに綴っていた文言】

前進あるのみ！　何があっても前へ進め！　ムーブが大事。止まるな！　令和の時代だからこそ前進あるのみ！

【講演会におけるQ&A】

Q「今の時代は、歴史上の何時代に当たりますか？」

A「戦国時代です。令和前は『革命前夜』ともいえる」

【小倉宮睦泰の歌】

「万世の　五色人の祖　日の本の
　国を護りて命を捨てん」

五色人（イイロヒト）／1988年竹内日記より

「新しき　緑が田の色　変えるとき
　悲しみ超える　ちから感じる」
（想い）新しい緑には神が宿る。榊《さかき》が「木へんに神」なのは常緑樹だから。稲の〈生と死〉。そして蘇《よみが》って米と日本酒を私たちにくれる。
２００６年竹内日記より

「日の本の源　ミヨイ　姿みせ
　したしろしめすは　日の御子なりと」
ミヨイ＝ムー大陸のこと。したしろしめす＝統治

第一章　系図の秘密——天照大御神《アマテラスオホミカミ》から神武《ジンム》天皇へ

神武《ジンム》天皇は実在した

『古事記』と『日本書紀』が日本の初代天皇として伝えるのが、神武天皇です。

日本独自の紀年《きねん》法である皇紀《こうき》はこの神武天皇即位の年とされる、西暦紀元前六六〇年を紀元《きげん》としています。

二月十一日の建国記念の日も、神武天皇即位の日であります。

どう少なく数えても千数百年にわたって、歴代の天皇が神武天皇を手厚くお祀《まつ》りしてきたことは言うまでもありません。

このように大切な初代である神武天皇ですが、日本史研究の世界では実在が疑わしいとされています。神武天皇どころか、第二代綏靖《スイゼイ》天皇から第九代開化《カイカ》天皇までの八代の天皇も、「欠史八代《けっしはちだい》」といって、事績や崩御《ほうぎょ》の年の干支《えと》の記録がないため、実在しなかったのではないかと言われています。

ここで私は、学者の議論に付き合うつもりはありません。

第七十三世武内宿禰《たけのうちのすくね》としてはっきり言います。

神武天皇は実在しました。

綏靖天皇から開化天皇まで、欠史八代の歴代天皇も、もちろん実在しています。

神武天皇の息子の神八井耳命《カムヤヰミミノミコト》は多《おお》氏の先祖です。

その子孫が最近まで宮内庁雅楽部《ががく》に勤め、楽器を演奏してちゃんと給料を貰《もら》っていたことは、前作『古事記の宇宙』（平成二十八〈二〇一六〉年、小社刊）に書いたとおりです。

また、安倍晋三《あべしんぞう》内閣総理大臣（平成二十九〈二〇一七〉年現在）は阿《あ》倍《べ》氏の末裔《まつえい》で、欠史八代に含まれる第八代孝元《コウゲン》天皇の子孫です。

初代左大臣、阿倍内麻呂《あべのうちまろ》の子孫でもあります。

神武天皇も、孝元天皇も、現代までずっと血筋がつながっているのです。子孫が実在するのに先祖が実在しない？　そんなバカなことはありません。

それなら、神武天皇について『古事記』に書かれていることはすべて史実なのでしょうか。

答えは、イエスでもあり、ノーでもあります。

『古事記』は、情報としては本当のことをあちこちに散りばめつつも、秘密を隠して書いているからです。

『古事記』が隠している大きな秘密のひとつが、系図です。神武天皇が本当は天照大御神《アマテラスオホミカミ》とどのようにつながっているのかを、『古事記』は巧みに隠しています。

『帝皇日嗣《ていおうひつぎ》』、すなわち、正統竹内文書《たけうちもんじょ》の極秘口伝《ごくひくでん》で伝えられている系図と、『古事記』に記された系図とは異なるのです。

正統竹内文書が伝える、天照大御神から神武天皇への系譜を語るには、『古事記』上《かみ》つ巻《まき》、天照大御神と須佐之男命《スサノヲノミコト》のうけいの場面まで戻らなければなりません。

誓約《うけい》の真実

須佐之男命《スサノヲノミコト》は父・伊弉諾神《イザナギノカミ》から託《たく》された海原の統治を怠《おこた》って怒りを買い、追放されることになったので、その前に別れの挨拶《あいさつ》をしようと姉の天照大御神《アマテラスオホミカミ》のもとを訪れます。その心根を疑った天照大御神に対し、須佐之男命は、自らの心の潔白を証明するために、うけいの勝負を申し出ます。

天照大御神と須佐之男命が互いの持ち物を交換して神産みをしたところ、須佐之男命の持ち物からは三柱の女神が、天照大御神の持ち物からは五柱の男神が生まれます。

この五柱の男神とは正勝吾勝勝速日《マサカツアカツカチハヤヒ》天忍穂耳尊《アメノオシホミミノミコト》、天穂日命《アメノホヒノミコト》、天津日子命《アマツヒコノミコト》、活津日子命《イクツヒコノミコト》、熊野楠日命《クマノクスヒノミコト》です。

古事記によれば、この五柱の一人である天忍穂耳尊の子、瓊瓊杵尊《ニニギノミコト》が天照大御神のお言葉に従って高千穂《たかちほ》に天降《あまくだ》りし、豊葦原《とよあしはら》の瑞穂《みずほ》の国を治めたことになっています。

瓊瓊杵尊は天照大御神の孫に当たるので、瓊瓊杵尊の天降りを「天孫降臨《てんそんこうりん》」といいます。

瓊瓊杵尊のあとは、息子の彦火火出見尊《ヒコホホデミノミコト》、そのあとは彦火火出見尊の息子の鸕草葺不合尊《ウガヤフキアヘズノミコト》があとを継ぎ、鸕草葺不合尊の息子である神倭《カムヤマト》伊波礼毘古命《イハレビコノミコト》が神武天皇として即位した、というのが、『古事記』の記述です。

系図 1：天照大御神から神武天皇（古事記）

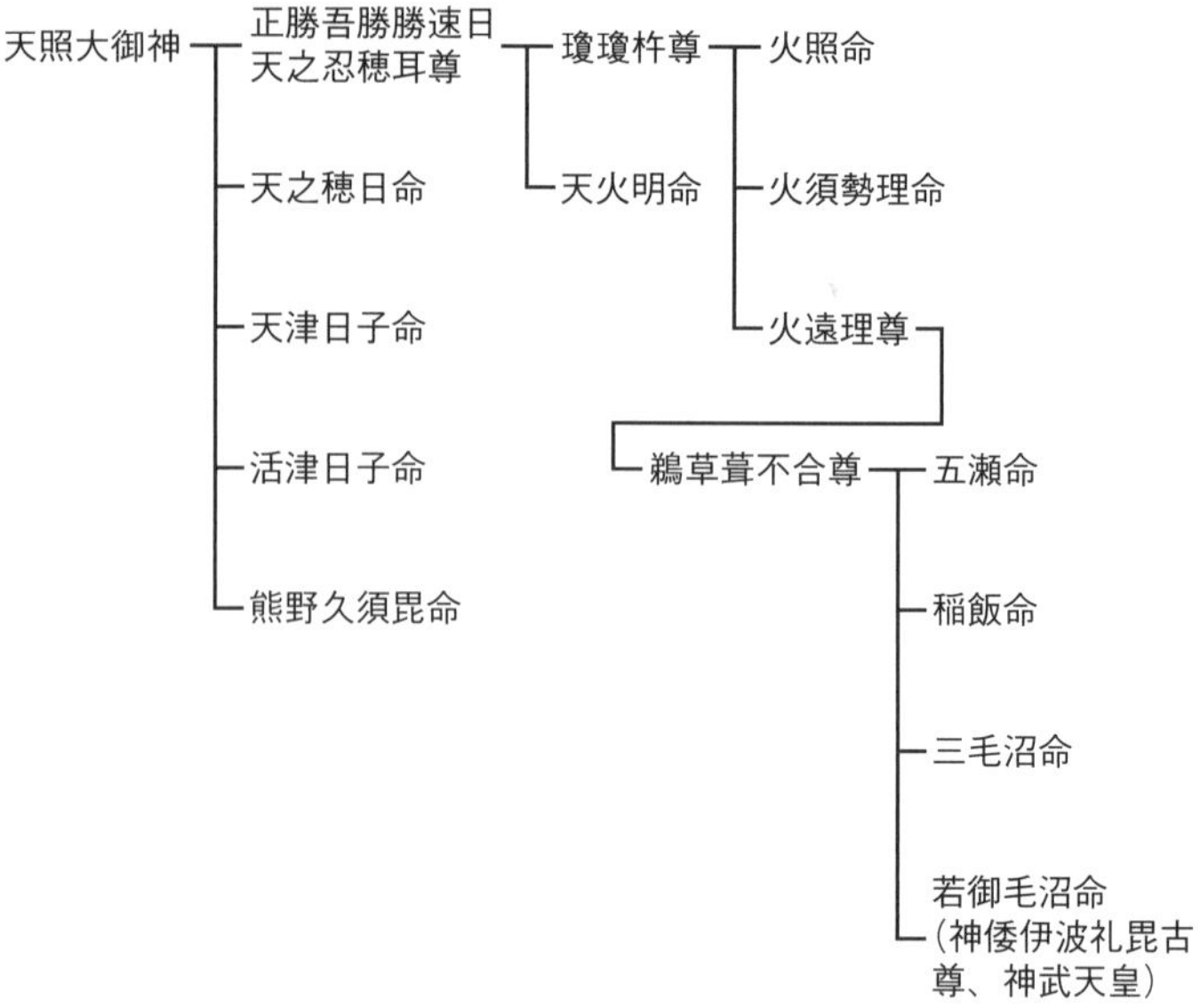

『系圖綱要』より

『古事記の宇宙』では、このうけいで生まれたとされる神々について、極秘口伝の一部を明らかにしました。話を先に進める前に、まずそれをおさらいしておきましょう。

正勝吾勝勝速日天忍穂耳尊というのは、天照大御神の息子ではなく、実は夫です。そして、それ以外の四柱の神々、つまり、天之穂日命、天津日子命、活津日子命、熊野楠日命は、天照大御神と天忍穂耳尊との間の息子たちです。

須佐之男命が天照大御神に会いに高天原《たかあまのはら》に上っていき、天照大御神が男装でそれを迎えたのは、天照大御神の氏族と須佐之男命の氏族との戦いを表しています。

この戦いによって天照大御神の側が敗れ、夫の天忍穂耳尊は亡くなってしまいました。

天忍穂耳尊は、別名を天忍骨尊《アメノオシホネノミコト》といいます。

この「骨」の字が、天忍穂耳尊が亡くなっていることを意味しているわけです。

戦いに負けて亡くなったからこそ、逆に、正勝吾勝勝速日天忍穂耳尊と、「勝」の字を三つも名前に入れているのです。

夫を失って未亡人になった天照大御神は、須佐之男命と婚姻《こんいん》を結ぶことになりました。

『古事記』のうけいの場面は、その婚姻を意味しています。須佐之男命は天照大御神が大好きになり、二人が蜜月の時期に生まれたのが、うけいに出てくる三柱の女神たちです。

天照大御神と須佐之男命から生まれた
多紀理姫命《タギリヒメノミコト》、狭衣姫命《サヨリヒメノミコト》、多岐都姫命《タギツヒメノミコト》の三柱の女神たちは、宗像三《むなかたさん》神《しん》として福岡県の宗像神社に祀られています。

ここで一旦《いったん》、整理しておきましょう。

天照大御神は、夫である正勝吾勝勝速日天忍穂耳尊との間に、天穂日命、天津日子命、活津日子命、熊野楠日命の四柱の子供がいます。

そして、須佐之男命との間に、宗像三神の三柱の女神たち、多紀理姫命、狭衣姫命、多岐都姫命がいます。つまり、系図2のようになります。

系図２：天照大御神から生まれた神々（正統竹内文書）

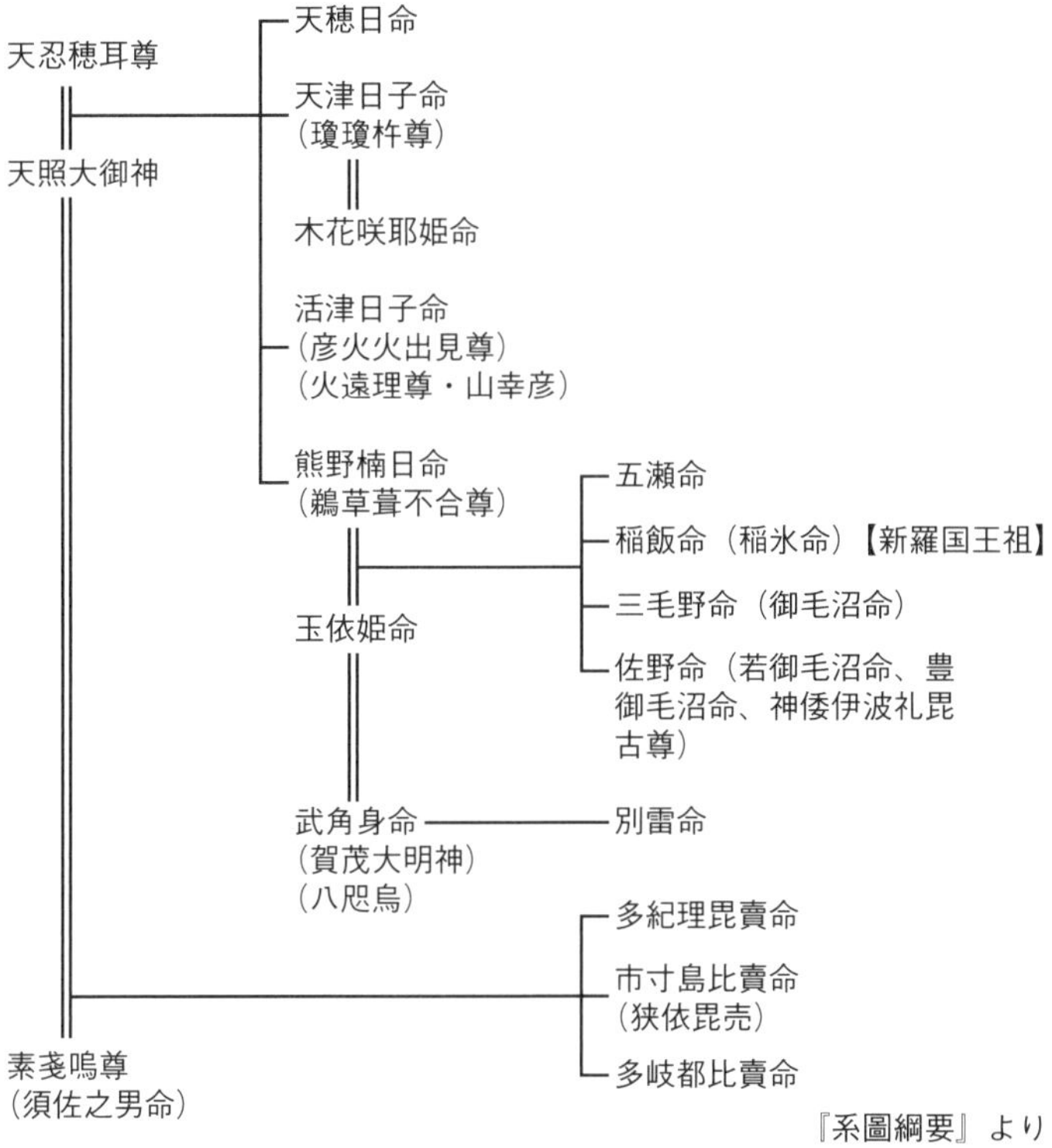

『系圖綱要』より

このあと、『古事記』によれば、須佐之男命は乱暴狼藉《ろうぜき》を働いたために高天原を追放され、地上に降りて八岐大蛇《やまたのおろち》を退治し、妻を迎えて大勢の子供たちに恵まれ、やがて大国主命《オホクニヌシノミコト》を娘婿《むすめむこ》として迎えます。

天照大御神は大国主命が治める出雲を譲《ゆず》らせ、帰順《きじゅん》させた上で、大和を治める支配者として瓊瓊杵尊を派遣します。

この瓊瓊杵尊が天照大御神の孫ではなく、本当は息子だということも、前作『古事記の宇宙』でお話ししました。瓊瓊杵尊の父親はもちろん、天忍穂耳尊です。

では、瓊瓊杵尊は系図2の誰に当たるのでしょうか。

当然、天津日子命に決まっています。瓊瓊杵尊の正式な名前は、天邇《アメニ》岐志国邇岐志《ギシクニニギシ》天津日高日子《アマツヒコヒコ》番能《ホノ》瓊瓊杵尊《ニニギノミコト》です。ちゃんと「天津日子」が名前に入っています。

そして、『古事記』に基づく系図1では瓊瓊杵尊の息子ということになっている火遠理命《ホヲリノミコト》、別名彦火火出見尊《ヒコホホデミノミコト》は、実は、系図2の活津日子命です。さらに、系図1で彦火火出見尊の子となっている鵜草葺不合尊は、熊野楠日命です。

おわかりでしょうか。系図1では縦につながっている瓊瓊杵尊、火遠理命、鸕草葺不合尊は全員、天忍穂耳尊と天照大御神の息子たちです。親、子、孫ではなく、兄弟なのです。

神武天皇以前に、瓊瓊杵尊はもう実質的に天皇といってもよい地位にありました。その地位を、親、子、孫というように縦《たて》に継いでいくのではなく、兄弟で受け継いでいったのです。それを、あたかも縦のつながりのようにして書いたのは、系図を長くしたいという意図《いと》が働いたからでしょう。

活津日子命こと火遠理命こと彦火火出見尊は、別名山幸彦命《ヤマサチヒコノミコト》です。有名な海幸彦命《ウミサチヒコノミコト》・山幸彦命の兄弟の対立の話の主人公です。

『古事記の宇宙』で、私は、海幸彦命・山幸彦命の話は必ずしもこの二柱の神が兄弟であることを意味するのではないと述べました。

海の覇権《はけん》をめぐって敵対する敵同士の対立と考えられるのです。

海幸彦命はその戦いに負けたので山幸彦命に海の実権を譲り、山幸彦命に仕《つか》える立場になったのです。海上の覇権を得た山幸彦命の系統が、今の天皇家につながっています。

天皇家にとって、海は重要です。

天照大御神の「アマ」は天という意味もありますが、海という意味もあります。ですから、「アマテラス」は、実は「海を照らす」＝「海を支配する」でもあるわけです。

日本は海に囲まれた国ですから、日本を治める者にとって、海上覇権や海がつなぐ情報網を欠かすことはできません。

天照大御神の氏族も須佐之男命の氏族も、盛んに海を移動しています。瓊瓊杵尊が日向の地に行ったのは海からですし、須佐之男命も息子の五十猛命《イタケルノミコト》と一緒に朝鮮に行ったりしています。後に述べる神武東征も船団を率《ひき》いての戦いです。

『古事記』には、彦火火出見尊と大綿津見神《オホワタツミノカミ》の娘、豊玉姫命《トヨタマビメノミコト》との結婚や、鵜草葺不合尊と豊玉姫命の妹、玉依姫命《タマヨリビメノミコト》との結婚が描かれています。これは、海の支配者である大綿津見神との同盟がどれほど天皇家にとって重要だったかを表しているのです。

万幡豊秋津師媛命《ヨロズハタトヨアキツシヒメノミコト》

『古事記』を読み解く上で重要な鍵のひとつは、神名の中には世襲《せしゅう》名のものがあるということです。天皇が代々天皇であり、神が降りている、というのと同じことです。一度飲み込んでしまえば、不思議なことでも何でもありません。

この鍵のことは、『古事記の宇宙』でもお話ししました。

たとえば、伊弉諾神《イザナギノカミ》と伊弉冉神《イザナミノカミ》も世襲名です。

伊弉諾神・伊弉冉神は一対の男性神・女性神を表す称号です。

人の世の罪や穢《けがれ》を払う大祓詞《おおはらえのことば》は、「高天原《たかまのはら》に神留《かむづま》り坐《ま》す 皇親神漏岐神漏美《すめらがむつかむろぎかむろみ》の命《みこと》以《も》ちて」という一節で始まりますが、この神漏岐命・神漏美命が特定の神様を指すのではなく、男女一対の神様の象徴であるのと同じことです。

高天原には何代にもわたって伊弉諾神・伊弉冉神がおられましたし、地上でも、伊弉諾神・伊弉冉神を降ろすことができる、神の依代《よりしろ》となった人たちが何代にもわたっていました。

天照大御神《アマテラスオホミカミ》も同じです。高天原には何代にもわたって天照大御神がおられ、地上でも、天照大御神を地上に降ろすことができる人が何代にもわたって存在しました。

では、天忍穂耳尊《アメノオシホミミノミコト》の妻であり、瓊瓊杵尊《ニニギノミコト》や彦火火出見尊《ヒコホホデミノミコト》や鵜草葺不合尊《ウガヤフキアヘズノミコト》を産んだ、このときの天照大御神とは誰でしょうか。

『古事記』でその女性が登場する場面をご覧ください。本書では、『古事記』原文は中村啓信《なかむらひろとし》訳注『新版古事記』（角川ソフィア文庫、平成二十一〈二〇〇九〉年）、現代語訳は福永武彦《ふくながたけひこ》訳『現代語訳古事記』（河出文庫、平成〈二〇〇三〉十五年）を参考にしています。現代語訳は、原典では神名の読み仮名が括弧内に入っているのをルビに改めています。原文でも現代語訳でも、ルビの仮名遣いは原典に従っています。また、ルビは必要に応じて追加あるいは削除《さくじょ》しています。

尓《しか》して天照大御神・高木神《たかきのかみ》の命《みこと》以《も》ち、太子《ひつぎのみこ》正勝《まさかつ》吾《あ》勝々《かつかち》速日《はやひ》天《あめの》忍穂耳命《おしほみみのみこと》に詔《の》りたまはく、「今葦原中国《あしはらのなかつくに》を平《ことむ》け訖《を》へぬと白《まを》す。故《かれ》言依《ことよ》さし賜《たま》へるまにまに、降《くだ》り坐《ま》して知《し》らしめせ」とのりたまふ。

尓して其《そ》の太子正勝吾勝々速日天忍穂耳命答へ白さく、「僕《あ》は、降《くだ》らむ装束《よそひ》しつる間《あひだ》に、子生《あ》れ出《い》でぬ。名は天迩岐志国迩岐志天津《あめにきしくににきしあまつ》日高日子番能迩々芸命《ひこひこほのににぎのみこと》、此《こ》の子を降《くだ》すべし」とまをす。此の御子《みこ》は、高木神の女《むすめ》万幡豊秋津師比売命《よろずはたとよあきつしひめのみこと》に御合《みあひ》して生《あ》れませる子、天火明命《あめのほあかりのみこと》、次に日子番能迩々芸命《ひこほのににぎのみこと》二柱《ふたはしら》なり。是《ここ》を以《も》ち白《まを》したまふまにまに、日子番能迩々芸命に詔科《みことおほ》せ、「此の豊葦原《とよあしはら》の水穂国《みづほのくに》は、汝《いまし》知《し》らさむ国ぞと言依《ことよ》さし賜ふ。故《かれ》命《みこと》のまにまに天降《あまくだ》るべし」とのりたまふ。

そこで天照大御神と高木神《タカギノ》とが、日嗣《ひつぎ》の御子《みこ》である正勝吾勝勝速日天忍穂耳命に命じて、次のように言った。

「いま葦原中国《あしはらのなかつくに》は、すっかり平定したと申している。かねて任せておいたとおりに、かの国に降《くだ》っていって治めるがよい。」

このように言われて、日嗣の御子が答えるには、

「私が出かけるための支度《したく》をしておりました間に、御子が生まれました。その名は、天邇岐志国邇岐志天津日高日子番能邇邇芸命《アメニギシクニニギシアマツヒダカヒコホノニニギノミコト》であります。この御子を、葦原中国に降しましょう。」

こう答えた。

この御子は、すなわち天忍穂耳命が、高木神の娘、蜻蛉《あきつ》（トンボの古称）の羽のように薄い織物を称《たた》えた、万幡豊秋津師比売命《ヨロズハタトヨアキヅシヒメノミコト》を妻として、生ませた御子二柱《ふたはしら》のうち、天火明命《アメノホアカリノミコト》の弟であり、その名前は、天地《あめつち》の豊かに栄えゆき、日は高く輝き、その日の神の御子であるとともに、稲穂のみずみずしく実ることを称えた意味である。

そこで前に述べた言葉どおりに、この日子番能邇邇芸命に天神《あまつかみ》の命令を授けて、

「この豊葦原《とよあしはら》の、水穂国《みずほのくに》は、汝《なんじ》の治めるべき国であると、その役目を委《ゆだ》ねられた。この仰《おお》せに従って、天《あめ》より地《つち》に降るべきものである。」

このようにみことのりした。

ここで「天忍穂耳命」の后として出て来る万幡豊秋津師媛命《ヨロズハタトヨアキヅシヒメノミコト》という女性が、天照大御神です。

福永訳では、名前に含まれる「秋津」をトンボと解釈し、トンボの羽のように薄い織物を称えた名前としています。ですから、この名前は、トンボの羽のように薄い織物を織ることができる、見事な機織《はたお》りの技を持った女性と解することもできます。

「秋津」にはもうひとつ、重要な意味があります。

豊秋津島といったら、伊弉諾神・伊弉冉神が生んだこの大和の国の一番大きな島、本州のことです。

ですから、万幡豊秋津師媛命という名前は、たくさんの機を司《つかさど》る、大和の国の姫、という意味でもあるわけです。

天照大御神と須佐之男命がうけいの勝負を行ったあと、須佐之男命は、自分の持ち物から清らかな女神たちが生まれたのは自分の心が清い証拠だと言って勝ちを宣言し、天照大御神が機織りをしていた忌服屋《いみはたや》を荒らしました。

忌服屋とは神様の衣を織る工場のようなところで、そこでは大勢の織《お》り女《め》が機織りをしていました。

天照大御神は、高天原の天照大御神を降ろす巫女であり、また、機織り工場を司る工場長の役割をする人でもあったのです。

万幡豊秋津師媛命という名前は、まさにこのような役割を表す名前です。

万幡豊秋津師媛命の父・高木神《タカギノカミ》についても説明しておきましょう。

高木神は高皇産霊神《タカミムスビノカミ》の別名です。この高皇産霊神も、天上の世界の高皇産霊神と、地上で高皇産霊神を降ろす人とがいるのです。

万幡豊秋津師媛命は、地上で高皇産霊神を降ろすことができる人の娘です。

高皇産霊神といえば、宇宙の中心の神である帝皇日嗣《ていおうひつぎ》初代・天御中《アマノミナカ》主神《ヌシノカミ》の次に現れた帝皇日嗣二代の神です。

> 天地《あめつち》初めて発《ひら》くる時に、高天原《たかあまのはら》に成《な》りませる神の名《みな》は、天之御中《あめのみなか》主神《ぬしのかみ》。次に高御産巣日神《たかみむすひのかみ》。次に神産巣日神《かむむすひのかみ》。此《こ》の三柱《みはしら》の神は、みな独神《ひとりがみ》と成り坐《ま》して、身を隠《かく》したまふ。

宇宙の初め、天《あめ》も地《つち》もいまだ渾沌《こんとん》としていた時に、高天原《たかまのはら》と呼ばれる天のいと高いところに、三柱《みはしら》の神が次々と現れた。初めに、天の中央にあって宇宙を統一する天之御中主神《アメノミナカヌシノカミ》。次に、宇宙の生成をつかさどる高御産巣日神《タカミムスビノカミ》。および、同じく神産巣日神《カミムスビノカミ》。これらの神々は、みな配偶《はいぐう》を持たぬ単独の神で、姿を見せることがなかった。

『古事記』によれば、天御中主神《アマノミナカヌシノカミ》、高皇産霊神、神皇産霊神の次に宇摩志阿斯訶備比古遅神《ウマシアシカビヒコヂノカミ》、天常立神《アマノトコタチノカミ》が次々と現れます。このあと、『古事記』には出ていない六柱の神が現れたことが口伝で伝わっています。天八下神《アマノヤクダリノカミ》、天三下神《アマノミクダリノカミ》、天合神《アマノアワセノカミ》、天八百日神《アマノヤオヒノカミ》、天八十万魂《アマノヤソヨロズノミタマノ》神《カミ》、天八百万魂神《アマノヤオヨロズノミタマノカミ》の六柱です。これらの神々は、『先代旧事本紀《せんだいくじほんき》』という本には出てきますが、『古事記』には入っていません。そして、この六柱の次に高魂神が現れます。「高魂神」と書いて「タカミムスビノカミ」と読みます。高皇産霊神と同じ読みです。この高魂神が、地上に高皇産霊神を降ろせる人を表すのです。

つまり、万幡豊秋津師媛命は、地上に高皇産霊神を降ろすことのできる、高魂神の娘なのでした。

系図３：万幡豊秋津師媛命の系図
（『先代旧事本記』に基づく）

天御中主神 ── 天八下神 ── 天三下神 ── 天合神 ── 天八百日神 ──

── 天八十万魂神 ── 天八百万魂神 ──

── 高魂神 ┬ 思金神
　　　　　├ 万幡豊秋津師媛命
　　　　　├ 天太玉命
　　　　　├ 天神立命
　　　　　├ 櫛玉命
　　　　　├ 天活玉命
　　　　　├ 天忍日命
　　　　　└ 三穂津姫命

神武《ジンム》天皇の父母・鵜草葺不合尊《ウガヤフキアヘズノミコト》と玉依姫命《タマヨリビメノミコト》

　鵜草葺不合尊は神武天皇の父親ですが、謎の神でもあります。先に述べたように、別名が熊野楠日命《クマノクスヒノミコト》です。熊野楠日命というのは、出雲系、つまり、須佐之男命《スサノヲノミコト》系の名前なのです。

なぜ、天照大御神《アマテラスオホミカミ》と天忍穂耳尊《アメノオシホミミノミコト》との間の子供が、熊野楠日命という出雲系の名前を持っているのか。天照大御神の大和系と、須佐之男命の出雲系とが融合《ゆうごう》してひとつになっていることを示す必要があったのかもしれません。

　鵜草葺不合尊は、名前からして熊野の神です。熊野と、瓊瓊杵尊が天降った日向《ひむか》の国とは、海で結ばれています。南海道《なんかいどう》です。南海道は、紀《き》伊《い》の国から四国を通り、日向の国に向かいます。鵜草葺不合尊は南海道の海流を行き来した海の一族の長であり、今の役職にたとえれば、海軍大臣や連合艦隊司令長官のような人でした。

　兄弟順では鵜草葺不合尊は一番下の弟ですが、優秀な人だったようです。鵜草葺不合尊がどこを統治したかは、神社の祭神を見るとだいたいわかります。

鵜草葺不合尊は、本拠地である日向の国、今の宮崎県のほか、長崎県や鹿児島県にもお祀りしている神社があります。

つまり、熊襲《くまそ》との戦いの最前線にいたということです。

玉依姫命は、海神・大綿津見神《オホワタツミノカミ》の娘です。正確に言うと、大綿津見神が降りた人間の娘です。地上界で大綿津見神の力を持っている人の娘ということです。この大綿津見神の国は琉球にありました。

琉球はもちろん沖縄のことも意味するのですが、実は台湾という意味もあります。台湾を指すときは「琉求」と書きます。玉依姫命が生まれた琉球は、沖縄か、台湾か、どちらかわかりません。口伝には、海底遺跡のある与那国島《よなぐにじま》も琉球だったという話もあります。

つまり、玉依姫命は、海神の力で台湾、沖縄、九州あたりの海域を支配する、琉球の王国のお姫様でした。

鵜草葺不合尊は熊襲攻撃の隊長だったわけですから、地政学的に琉球との連携がどうしても必要でした。ですから、琉球の玉依姫命を后《きさき》に迎えたと考えられます。当然、交易も行われていたでしょう。

神武天皇の生みの母が早く亡くなったので、代わりの母としての役割も玉依姫命に託されました。玉依姫命は神武天皇の乳母《うば》であったと考えても、そう間違いではありません。

玉依姫命は、名前からいっても依代《よりしろ》なのは明らかです。玉は勾玉《まがたま》の玉、神の依代なので、「玉依姫」という名前は巫女そのものです。本名はおそらく、別にあったでしょう。

第二章　神武《ジンム》東征

船出

瓊瓊杵尊《ニニギノミコト》が天降《あまくだ》りしたあと、瓊瓊杵尊、彦火火出見尊《ヒコホホデミノミコト》、鸕草葺不合《ウガヤフキアヘズノ》尊《ミコト》は、皆、高千穂《たかちほ》の地を本拠地として政《まつりごと》を行っていました。

まず取り組まなければならなかったのは熊襲《くまそ》への対処でした。時に戦い、時に懐柔《かいじゅう》し、ようやく後背《こうはい》の憂《うれ》いがなくなります。

そして、鸕草葺不合尊の息子たちの代に至って、いよいよ天下を平定するために東へ向かうことになるのです。

『古事記』中《なか》つ巻《まき》は、東への船出を決意する場面で始まります。

神倭伊波礼毘古命《かむやまといはれびこのみこと》（本名・佐野命）、其のいろ兄《え》五瀬命《いつせのみこと》と二柱《ふたはしら》、高千穂宮《たかちほのみや》に坐《いま》して議《はか》り云《の》りたまはく、「何《いず》れの地《ところ》に坐《いま》さば、天《あめ》の下《した》の政《まつりごと》を平《たい》らけく聞こし看《め》さむ。なほ東《ひむかし》に行かむと思ふ」とのりたまふ。

神倭伊波礼毘古命《カムヤマトイハレビコノミコト》「のちに諡《おくりな》して神武《ジンム》天皇」は、兄の五瀬命《イツセノミコト》とともに、日向《ひむか》の国（今の宮崎県）の、高千穂《たかちほ》の宮にあって国を治めていたが、二人の間に次のような相談が持ち上がった。
「この日向《ひむか》の土地はあまりに端に偏《へん》している。天下を安らかに治めるためには、どの土地に移って政治を執《と》ったなら、もっと満足がいくだろうか。いろいろと考え合わせてみるに、もっと東のほうへ行ってみたらどうだろう？」

鵜草葺不合尊と玉依姫命《タマヨリビメノミコト》の間には四人の皇子がいたと『古事記』は伝えています。一番上が五瀬命、次が稲飯命《イナヒノミコト》（稲氷命）、その次が三毛《ミケ》野命《ヌノミコト》（三毛入野命《ミケイリノミコト》、御毛沼命《ミケヌノミコト》）、末の弟が佐野命《サノミコト》（若御毛沼命《ワカミケヌノミコト》、豊御《トヨミ》毛沼命《ケヌノミコト》）です。

ある伝承によれば、次男の稲飯命と三毛野命は東征に同行し、熊野灘《くまのなだ》で暴風に遭ったために、波の上を渡って常世《とこよ》の国《くに》に行ったと伝えられています。しかし、正統竹内文書では、次男の稲飯命は新羅《しらぎ》に渡り、新羅国王の祖になっています。

『古事記』中つ巻では、最初から四男の佐野命《サノミコト》を「神倭伊波礼毘古命」という名で呼びます。

しかし、この「神倭伊波礼毘古命」という名前は、実は個人の名前というより、王の地位を表すものでした。

鵜草葺不合尊が今の言葉で言えば海軍大臣や連合艦隊司令長官のような役職にあったことは、第一章でお話ししました。その役割を、長男の五瀬命が継いだのです。

須佐之男命《スサノヲノミコト》や大国主命《オオクニヌシノミコト》らの出雲系は末子相続なのですが、天照大御神《アマテラスオホミカミ》の大和系はそうではありません。ですから、元々は五瀬命が神倭伊波礼毘古尊でした。

五瀬命が神倭伊波礼毘古尊であり、統治王です。次男の稲飯命が新羅国王祖、三男の三毛野命は祭祀《さいし》を司る祭祀王です。

政《まつりごと》は、統治王と祭祀王の二人によって行われていました。統治王と祭祀王がいるということが、この『古事記』の時代における日本の政の基本です。

日本の歴史では、天皇の権威と、実権を持つ藤原《ふじわら》氏のような摂関家《せっかんけ》や幕府の権力とが分離している時代が長く続いたのが大きな特徴だとよく言われますが、本当はこの時代から、統治王と祭祀王が別にいるのです。

四男・佐野命の「佐」は、「すけ」とも読みます。補佐という意味です。佐野命は、神倭伊波礼毘古尊である兄の五瀬命を補佐する役割だったわけです。

五瀬命と佐野命は、船団を率いて出発しました。

『古事記の宇宙』でお話ししたように、天照大御神が派遣した武甕槌《タケミカヅチノ》神《カミ》が大国主命《オホクニヌシノミコト》の息子、建御名方神《タケミナカタノカミ》を負かしたので、大国主命は天照大御神に出雲の国を譲っています。つまり、出雲は既《すで》に帰順していますから、今の中国地方までは五瀬命や佐野命たちの勢力圏に入っています。

しばらくは、順調な旅が続きました。

二人が最初に目指したのは、筑紫《つくし》の豊《とよ》の国（今の大分県）にある宇沙《うさ》の地でした。

　日向《ひむか》より発《た》たして、筑紫《つくし》に幸行《い》でます。故《かれ》豊国《とよくに》の宇沙《うさ》に到《いた》りまし時に、其《そ》の土人《くにびと》名は宇沙都比古《うさつひこ》・宇沙都比売《うさつひめ》二人、足一騰宮《あしひとつあがりのみや》を作りて、大御饗《おおみあへ》を献《たてまつ》る。

さっそく日向の国を出発して、のちの筑前筑後《ちくぜんちくご》である筑紫《つくし》の国へと向かった。その途中、のちの豊前豊後《ぶぜんぶんご》である豊国《とよくに》の、宇沙《うさ》［今の大分県宇佐市］という土地に到着した時に、土地の者の宇沙都比《ウサツヒ》古《コ》・宇沙都比売《ウサツヒメ》の兄妹が、片方の柱は宇沙川の川波に洗われ、もう片方の柱は岸辺の丘へ掛けた、足一騰宮《あしひとつあがりのみや》を造って、そこで日の神の御子《みこ》たちにごちそうを奉《たてまつ》った。

宇沙都比古・宇沙都比売は、宇沙の地を治める者の官職名です。本名は別にあります。

其地《そこ》より遷移《うつ》りて、竺紫《つくし》の岡田宮《をかだのみや》に一年《ひととせ》坐《いま》す。また其の国より上《のぼ》り幸《い》でまして、阿岐国《あきのくに》の多祁理宮《たけりのみや》に七年《ななとせ》坐《いま》す。また其の国より遷《うつ》り上り幸でまして、吉備《きび》の高嶋宮《たかしまのみや》に八年《やとせ》坐《いま》しき。

さらに筑紫の岡田宮《おかだのみや》（今の福岡県にあったとされる）で一年ほど過ごした五瀬命・佐野命たち一行は、次に中国地方に向かいます。

まず、阿岐《あき》の国（今の広島県安芸《あき》郡）多祁理宮《たけりのみや》で七年過ごしたあと、吉備《きび》（今の岡山県）の高嶋宮《たかしまのみや》で八年過ごします。こうしてそれぞれの土地の豪族たちを帰属させ、しっかりと足元を固めながらゆっくりと東へ向かった一行は、船で近畿地方を目指しました。

宇豆毘古《ウズビコ》

船団で瀬戸内海を旅する一行は、ここで出発以来初めての難所《なんしょ》に出逢います。のちの備後水道《びんごすいどう》である、潮の干満の早い速吸門《はやすいのと》（今の明石海峡）と呼ばれるところです。そこは潮流が激しく、海面のあちこちが渦《うず》を巻いていて、なかなか乗り切ることができません。

故《かれ》其の国より上り幸でます時に、亀《かめ》の甲《せ》に乗り、釣《つ》り為《し》つつ羽挙《はふ》き来る人、速吸門《はやすひのと》に遇《あ》ふ。尓《しか》して喚《よ》び帰《よ》せ、問ひたまはく、「汝《な》は誰《たれ》ぞ」ととひたまふ。答へて曰《まを》さく、「僕《やつかれ》は国《くに》つ神《かみ》なり」とまをす。また問ひたまはく、「汝は海《うみ》つ道《ぢ》を知れりや」ととひたまふ。答へて曰《まを》さく、「能《よ》く知れり」とまをす。また問ひたまはく、「従《したが》ひて仕《つか》

鳴門の渦潮

へ奉《まつ》らむや」ととひたまふ。答へて白《まを》さく、「仕え奉らむ」とまをす。故尓して槁機《さを》を指《さ》し渡《わた》し、其の御船《みふね》に引き入る。名を賜《たま》ひて槁根津《さをねつ》日子《ひこ》と号《なづ》く。此《こ》は倭《やまと》の国造《くにのみやつこ》等《ら》が祖《おや》なり。

一行が困っていると、船の代わりに亀の甲に乗り、釣りをしながら鳥の羽ばたくように左右の袖をうち振りうち振り、進んでくる人に出会いました。そこで五瀬命《イツセノミコト》と佐野命《サノノミコト》たちは、船の方に呼び寄せて「そなたは何者だ?」と尋ねてみます。すると、「私はこの土地の国つ神で、宇豆毘古と申します」と答えます。そこでさらに、「そなたは、この渦潮を乗り切る海の道を知っているか?」と尋ねたところ、「よく存じております」と答えます。

いきなりですが、この宇豆毘古という、国つ神の名前がポイントです。この名前には、こういった渦を乗り切る能力があったという意味があるのです。

宇豆毘古の返事を聞いた佐野命たちは「自分たちに従って仕える気はないか?」と尋ねます。「お仕えいたしましょう」と快く答えた宇豆毘古は、佐野命が早速《さっそく》差し出した船の竿《さお》につかまって船の中に乗り移ります。こうして一行は、宇豆毘古のおかげで、無事に速吸門を乗り切ることができたのです。

この働きによって宇豆毘古は、佐野命たちから「槁根津日子《サヲネツヒコ》」という名前をいただきました。そして、大和の国造《くにのみやつこ》の祖先となりました。

実はこの槁根津日子という名前もまた、宇豆毘古と同じく象徴的な名前です。先ほどもポイントだと言いましたが、竿を使って潮の流れや渦を読んだり乗り切ることができるということは、水先案内や航海士だということを意味しているからです。

もともと日本というのは、海洋の技術や知識がないと生きていけません。ですからこの宇豆毘古も槁根津日子も、その意味でも象徴的な名前なのです。

『古事記の世界』で見てきたように、この宇豆毘古や槁根津日子という名前は役職名であって、本名ではありません。変な話ですが、たとえるなら、関ヶ原の戦いの前に日本に漂着し、徳川家康に仕えたウィリアム・アダムスやヤン・ヨーステンのようなものです。彼らはそれぞれ水先案内人と航海士でしたが、ヤン・ヨーステンには当て字ではありますが「耶揚子《やようし》」、ウィリアム・アダムスには自ら名乗った「三浦按針《みうらあんじん》」という日本名がありました。宇豆毘古も槁根津日子も、水先案内人とか航海士を意味している呼称であって、個人名ではないのです。

ちなみに、近代で珍彦《ウズヒコ》という名前を持っていたのは、葦津珍彦《あしづうずひこ》先生という神道思想家です。「彦《ひこ》」は男性の美称、「珍《うず》」には尊く珍しいこと、尊厳、高貴などの意味があります。珍しい人、つまり、どこか遠くから来たという意味で、日本にやって来た珍しい人ということです。社家《しゃけ》（神社の神職の家系）らしい名前ですね。

那賀須泥毘古《ながすねびこ》との戦い

宇豆毘古《ウズビコ》の助けで潮が渦巻く難所、速吸門《はやすいのと》を乗り越えた佐野命《サノノミコト》一行は、浪速渡《なみはやのわたり》（大阪湾）を経《へ》て白肩津《しらかたつ》というところに船を寄せました。当時は大阪湾を過ぎると生駒山麓《いこまさんろく》に巨大な河内湖が広がっており、白肩津というのはその沿岸にあったと考えられています。

ところが、その一帯は那賀須泥毘古（長髄彦）という豪族が支配している場所でした。
五瀬命《イツセノミコト》・佐野命一行は那賀須泥毘古の軍に攻撃され、窮地《きゅうち》に陥《おちい》ってしまいます。五瀬命たちと那賀須泥毘古の軍の戦いを、まずは『古事記』に沿って見ていきましょう。

故其《かれそ》の国より上《のぼ》り行《い》でます時に、浪速《なみはや》の渡《わたり》を経《へ》て、青雲《あをくも》の白肩《しらかた》の津《つ》に泊《は》てたまふ。此《こ》の時に、登美能那賀須泥毗古《とみのながすねびこ》、軍《いくさ》を興《おこ》し、待ち向《む》かへて戦ふ。尓《しか》して、御船《みふね》に入れたる楯《たて》を取りて、下《お》り立ちたまひき。故其地《そこ》に号《なづ》けて楯津《たてつ》と謂《い》ふ。今には日下《くさか》の蓼津《たでつ》と云ふ。

こうしてさらに、吉備の国から東へ東へと上《のぼ》っていったが、やがて一行の船は、波荒く立ち騒ぐ波速《なみはや》の渡《わたり》を過ぎて、波静かな白肩《しらかた》の港に碇泊《ていはく》した。この時、登美《とみ》の地に住む那賀須泥毘古《ながすねびこ》、すなわち長い脛《すね》を持った男が、軍隊を起こして、東上してきた船を待ち迎えて一戦を挑んだ。そこで一行は、船の中に用意してあった楯を取り、岸辺に下りて防戦した。それゆえに、この土地の名を、楯津《たてつ》と言い、また今に、日下《くさか》の蓼津《たでつ》とも言っている。

一行は防戦に努《つと》めましたが、敵は強力でした。戦っているうちに、大変なことが起きてしまいます。

是《ここ》に登美毗古《とみびこ》と戦ひたまひし時に、五瀬命《いつせのみこと》、御手《みて》に登美毗古が病矢串《いたやぐし》を負《お》ひたまふ。故尓《かれしか》して詔《の》りたまはく、「吾《あ》は日《ひ》の神《かみ》の御子《みこ》と為《し》て、日に向かひて戦ふこと良くあらず。故賤《かれいや》しき奴《やっこ》が痛手《いたで》を負ひぬ。今よりは行き廻《めぐ》りて、背《そびら》に日を負《お》ひて撃《う》たむ」とのりたまひ、期《ちぎ》りて、南の方《かた》より廻り幸《い》でます時に、血沼《ちぬ》の海に到《いた》り、其の御手の血を洗ひたまふ。故血沼《ちぬ》の海と謂ふ。其地より廻り幸でまし、紀国《きのくに》の男之水門《をのみなと》に到りて、詔りたまはく、「賤《いや》しき奴《やつこ》が手を負ひてや、死なむ」とのりたまひ、男建《をたけび》して崩《かむあが》りましぬ。故其の水門《みなと》に号《なづ》けて男水門《をのみなと》と謂ふ。陵《みはか》は紀国の竈山《かまやま》に在り。

こうして登美毘古《トミビコ》、すなわち那賀須泥毘古《ナガスネビコ》の軍隊との戦いが、今をたけなわのときに、たまたま登美毘古の放った矢が、兄の五瀬《イツセノ》命《ミコト》の手に鋭く突き刺さって、深手《ふかで》を負わせてしまった。そこで五瀬命が言うには、

「私は日の神の御子なのであるから、敵を東のかた、すなわち太陽の方角に置いて戦うのは、よろしくないことだ。それゆえに、賤《いや》しい那賀須泥毘古ごとき者に、痛手《いたで》を受けたのだ。今からは道を迂廻《うかい》し、太陽を背に負う陣形を取って、敵を撃ってやろう。」

このように誓《ちかい》をして、南のほうへと迂廻したが、のちの和泉灘《いずみなだ》である血沼《ちぬ》の海に至って、傷を受けた手を洗った。それゆえ、ここを血沼の海と言う。そこからさらに迂廻して進んでゆくうち、紀国《きのくに》の男之水門《おのみなと》まで行ったところで、

「賤しい奴《やつ》のために手傷を負って、今は死ななければならないのか！」

このように奮《ふる》い立って、雄《お》たけびの声をあげると、ついにその息は絶えた。この雄たけびのゆえに、この場所を男之水門《おのみなと》と言う。陵《はか》もまた、同じ紀国の、竈山《かまやま》（今の和歌山市和田）にある。

なんと、総大将である五瀬命は、那賀須泥毘古から受けた矢の傷が元で、亡くなってしまったのです。

この五瀬命というのも象徴的な名前です。太陽に「背を向けた」から「イツセ」です。「セ」は「背」です。本名は別で、口伝にはちゃんと伝わっています。

神社の多くが南や東を向いているのは、太陽に背を向けてはいけないからです。自宅の神棚《かみだな》も同じですよね。

まだ発掘《はっくつ》されてはいないのですが、那賀須泥毘古たちはおそらく、強力な〈弩《ど》〉という兵器を使ったと思われます。普通の弓は訓練に時間がかかりますが、弩というのは機械仕掛けの弓で、誰でも簡単に狙いを定めることができ、射程距離も弓より長いのです。だから強かったのです。

ここでひとつ、大事なことを言っておきましょう。

第一章でも述べたように、今の歴史学会では、「神武天皇は実在しなかった。『古事記』に記《しる》されたこのような話はフィクションだ」というふうに言われます。

しかし、考えてもみてください。もしフィクションだったら、神武天皇のお兄さんが敵にやられてあっさり殺されてしまったなどと、わざわざ書くでしょうか。

フィクションなら、最初からそんな格好の悪いことは言わずに、もっと華々《はなばな》しい話にするに違いありません。こういうところからも、神武天皇非実在説に不自然さがあることがわかります。

さて、ここから、『古事記』には書かれていない、深い話をしていきます。

先ほども述べたとおり、中国地方はすでに五瀬命・佐野命たちの勢力圏といってもよい土地でしたから、佐野命たち一行が東へ向かったのは、大和（近畿地方）が狙いでした。

といっても、最初から戦争をするつもりだったのではありません。政略結婚で平和的に何とか入り込むつもりでした。

佐野命は熊襲の王女と結婚していたのですが、大和を統合するためにその王女と別れて旅立ってきたのです。

鵜草葺不合尊《ウガヤフキアヘズノミコト》はすでに亡くなっていますから、兄の五瀬命が父親代わりとして佐野命を大和に連れて行こうとしていたわけです。

しかし、那賀須泥毘古らは五瀬命たちを受け入れず、軍を率いて激しく抵抗したのでした。

那賀須泥毘古《ながすねびこ》と饒速日命《ニギハヤヒノミコト》

『古事記』の中では完全に悪人として描かれている那賀須泥毘古には、日下将軍《ひのもと》（または日ノ本将軍）という別名があります。大和は元々、那賀須泥毘古が治めていました。だから、こういう名前で呼ばれていたのです。

那賀須泥毘古は大和の統治王であり、祭祀王は、那賀須泥毘古の兄の安日彦《あびひこ》という人でした。「安日彦」という名前に、太陽神を信仰していることが現れています。

この兄弟は元々は外国人で、徐福《じょふく》の子孫です。徐福というのは、秦《しん》の始皇帝《しこうてい》に命じられ、不老不死の薬を求めて日本に来た人です。『古事記』の中で悪く書かれているのは、外国人だったからという理由もあるのかもしれません。

さて、二人が治めていた大和に、須佐之男命《スサノヲノミコト》の息子の大年命《オホトシノミコト》こと饒《ニギ》速日命《ハヤヒノミコト》がやってきました。大年命はお父さんの須佐之男命とケンカしてしまい、出雲を捨て、船団を率いて大和の国に来たのでした。

那賀須泥毘古と安日彦は秦の知識があり、弩も持っていて、軍事的には強かったのですが、大年命はそれを圧倒するような大船団でやってきました。須佐之男命と一緒に朝鮮に行ったのは五十猛命《イタケルノミコト》ですが、大年命も当然、船団を持っています。

その結果、那賀須泥毘古は大年命の圧倒的な海軍力に敗北しました。戦って負けたというわけではなく、圧倒され、制圧されて和平したのです。和平したあと、大年命は那賀須泥毘古の妹の登美比売《とみひめ》と結婚し、その縁で大和の王となります。

だから、天照国照彦天火明櫛玉饒速日命《アマテラスクニテラスヒコアマノホアカリクシタマニギハヤヒノミコト》という名なのです。天照国照彦というのは、国を統《す》べる王を表す名前です。

のちの物部《もののべ》氏の祖となる、この饒速日命は謎の神様です。大年命といえば、出雲の須佐之男命の子供です。ところが、天照国照彦天火明櫛玉饒速日命という長い名前の中に、「天火明」という名が入っています。『古事記』で瓊瓊杵尊《ニニギノミコト》の兄とされている天火明命として系図に入っているのです。つまり、同じ神様が、出雲の須佐之男命の子として系図に入っているだけでなく、天照大御神《アマテラスオホミノカミ》の孫としても系図に入っていることになるのです。

なぜこんなふうにしたのかといえば、のちの大和の王権の正統性を作るためでしょう。

大和は、那賀須泥毘古を制圧した大年命が那賀須泥毘古の妹の登美比売と結婚したことで、饒速日政権になりました。そこへ、あとからさらに五瀬命《イツセノミコト》と佐野命《サノノミコト》がやってきたわけです。大和が出雲の饒速日政権になっていたから、五瀬命は政略結婚で佐野命を大和に入れようとしたのです。

最初の白肩津《しらかたのつ》の戦いで五瀬命は亡くなってしまいますが、後述のように、のちに佐野命が再び那賀須泥毘古らと戦って大和を制圧することになります。そのあと、饒速日命を天照大御神の子孫として系図に入れたのです。そうすれば、「大和は饒速日命の時代から天照大御神の子孫が支配していた」ということにできますから。

年齢で言うと、佐野命は大年命よりだいたい一世代下です。

系図４

天照大御神 ― 天忍穂耳命 ┬ 瓊瓊杵尊 ― 彦火火出見尊 ― 鵜草葺不合尊
　　　　　　　　　　　　└ 天火明命（饒速日命）

須佐之男命 ― 大年命（饒速日命）

佐野命らが大和にやってきたときには、大年命は既に年老いて病んでいました。那賀須泥毘古は、饒速日政権の将軍として戦ったのでした。

ところで、饒速日命こと大年命は、よく大国主命《オホクニヌシノミコト》と混同されていて、同一神だと思われているほどですが、別の神様です。

大年命（大物主神《オホモノヌシノカミ》）と大国主命がよく一緒にいたから混同されてしまったのでしょう。

大国主命は、どこからやってきたのかわからない人です。おそらくは外国人です。そんな大国主命が須佐之男命の末娘の須勢理《スセリ》姫命《ヒメノミコト》と結婚し、須勢理姫命と一緒に家督《かとく》を継ぐことになったのです。

出雲は末子相続であり、女系も認めるので、大国主命と須勢理姫命の子供たちが継いでいくことに問題はありませんでした。

しかし、兄弟たちは、どこの馬の骨かもわからない大国主命が婿になって須佐之男命のあとを継ぐことが納得できず、大国主命を殺そうとしました。

窮地を逃《のが》れた大国主命は紀の国に逃げて、そこにいた五十猛命（大年命の兄）に頼りました。五十猛命と大年命は兄弟同士で仲が良かったのです。それで、大国主命と大年命も、自然と一緒にいることが多くなったわけです。

大年命のことを大物主命《オホモノヌシノミコト》とも言います。大物主命だから、物部氏の長なのです。物部の主だから大物主命なのです。

一方、大国主命は、まともな治水や都市計画を行って出雲の国を作り、大国にしたから、大国主命なのです。

大物主命、つまり饒速日命と、大国主命とは、同一神ではなく、違う神様ですから、間違えないようにしましょう。

熊野の荒ぶる神

五瀬命《イツセノミコト》が那賀須泥毘古《ながすねびこ》から受けた矢傷で亡くなると、佐野命《サノノミコト》は兄の死を悼《いた》む間もなく、兄の残した言葉に従ってさらに熊野（和歌山県）まで迂回していきました。

故神倭伊波礼毗古命《かれかむやまといはれびこのみこと》、其地《そこ》より廻《めぐ》り幸《い》でまして、熊野《くまの》の村に到《いた》る時に、大き熊《くま》、髪《くさ》より出《い》で入るすなはち失《う》せぬ。尓《しか》して神倭伊波礼毗古命儵忽《たちま》ちにをえ為《し》たまひ、また御軍《みいくさ》もみなをえて伏《ふ》しぬ。此《こ》の時に熊野の高倉下《たかくらじ》　此《こ》は、人の名、一横刀《たち》を賷《も》ち、天《あま》つ神《かみ》の御子《みこ》の伏せる地《ところ》に到りて献《たてまつ》る時に、天つ神の御子、寤《さ》め起《お》き詔《の》りたまはく、「長寝《ながい》しつるかも」とのりたまふ。故其《そ》の横刀《たち》を受け取りたまふ時に、其の熊野の山の荒《あら》ぶる神自《おの》づからみな切り仆《たふ》さえき。尓して其の惑《まど》ひ伏せる御軍　悉《ことごと》く寤《さ》め起《お》きぬ。

五瀬命が亡くなってしまいましたから、佐野命が統治王として船団を率いていくことになりました。ですから、ここからは佐野命を神倭伊《カムヤマトイ》波礼毘古尊《ハレビコノミコト》と呼ぶことにしましょう。

神倭伊波礼毘古尊たち一行が熊野に上陸すると、大きな熊が一瞬ちらりと現れたとたん、すぐに姿を消しました。すると、あたりには妖気が漂い、その毒に当てられて、神倭伊波礼毘古尊も部下の兵士たちも、みな正気を失って倒れ伏し、死んだように眠り込んでしまいました。

この窮地を救ったのは、熊野に住む高倉下《タカクラジ》という者でした。高倉下が一振りの剣を持ってやってきて、その剣を神倭伊波礼毘古尊に献上すると、尊《ミコト》は、「ああ、長いこと眠ってしまった」と、正気に戻って目を覚ましたのです。そして命が剣を受け取ると、熊野の山の荒ぶる神の化身である熊は、剣を振るうまでもなく自然と切り倒され、部下の兵士たちも一斉に目を覚まして起き上がりました。

多くの人は、神というのはいい人だと勘違いしていますが、神道には善悪はありません。人知を超えたものを神と呼びます。

私は『古事記の宇宙』で正統竹内文書の極秘口伝に基づき、伊弉諾《イザナギノ》尊《ミコト》や伊弉冉尊《イザナミノミコト》も、天照大御神《アマテラスオホミカミ》や須佐之男命《スサノヲノミコト》も、地上の人間に降りて来られたことを書きました。しかし、神は人にだけ降りるわけではなく、動物や物に降りることもあるのです。

この熊は、熊野の山の荒ぶる神が降りたものでした。神道に善悪はないのですから、この熊も荒ぶる神ではあっても、悪というわけではありません。荒ぶる神がやってきたから、神倭伊波礼毘古尊たちは、高倉下に献上《けんじょう》された霊剣で防いだまでのことです。

そしてもちろん、この霊剣にも神が宿っていました。

故天つ神の御子、其の横刀《たち》を獲《え》し所由《ゆゑ》を問ひたまふ。高倉下《たかくらじ》答へ曰《まを》さく、「己《おの》が夢《いめ》に云《い》はく、天照大御神《あまてらすおほみかみ》・高木神《たかきのかみ》二柱《ふたはしら》の神の命《みこと》以《も》ち、建御雷神《たけみかづちのかみ》を召《め》して詔《の》りたまはく、『葦原中国《あしはらのなかつくに》はいたくさやぎてありなり。我が御子等《たち》平《たひ》らかにあらず坐《いま》すらし。其の葦原中国は、もはら汝《な》が言向《ことむ》けし国ぞ。故汝建御雷神《なれたけみかづちのかみ》降《くだ》るべし』とのりたまふ。尓して答へ白《まを》さく、『僕《やつかれ》降らずとも、もはら其の国を平《ことむ》けし横刀《たち》有り。是《こ》の刀《たち》を降《くだ》すべし。此《こ》の刀《たち》の名は佐士布都神《さじふつのかみ》と云ふ。またの名は甕布都神《みかふつのかみ》と云ふ。またの名は布都御魂《ふつのみたま》。此の刀は石上神宮《いそのかみのかむみや》に坐《いま》す。此の刀を降さむ状《さま》は、高倉下《たかくらじ》が倉《くら》の頂《むね》を穿《うか》ち、其れより堕《お》とし入れむ』とまをす。『故あさめよく汝《なれ》取り持ち天つ神の御子に献れ』とのりたまふ。故夢の教《をし》への如《ごと》く、旦《あした》に己《おの》が倉《くら》を見れば、信《まこと》に横刀《たち》ありき。故是の横刀《たち》を以《も》ち献るのみ」とまをす。

神倭伊波礼毘古尊に剣の由来《ゆらい》を問われた高倉下はこう答えました。
「私の夢の中に天照大御神《アマテラスオホミカミ》様と高木神《タカキノカミ》様が現れ、建御雷神《タケミカヅチノカミ》様をお召しになって、こう仰せられました。『葦原中国《あしはらのなかつくに》はひどく騒がしいようだ。

我が御子たちも困っている様子だ。かの国は何と言ってもそなたが平定した国なのだから、そなたが再び降って鎮めてまいれ』

すると建御雷神様は、『私が降っていかずとも、以前にかの国を平定した剣がございます。この剣を降せばよろしゅうございましょう。この剣を降すには、高倉下の住む倉の棟《むね》に穴を開けて、そこから落として入れましょう』とお答えになり、次に私に向かって、『朝、目を覚ましたら、めでたい剣が見つかるから、それを天《あま》つ神《かみ》の御子に献上するがよい』と仰せになりました。

朝、目覚めて倉に行ってみたところ、本当にこの剣がございましたので、捧《ささ》げ持ってまいったのでございます」

この剣は布都御魂神《フツノミタマノカミ》の霊剣で、石上神宮《いそのかみじんぐう》に祀られています。『古事記』では神倭伊波礼毘古尊たちに霊剣を捧げた人の名前を高倉下としていますが、これは別名です。天香語山命《アマノカグヤマノミコト》が高倉下です。天香語山命は尾張《おわり》氏の祖です。ちなみに、饒速日命《ニギハヤヒノミコト》の長男は宇摩志麻治命《ウマシマジノミコト》で、この宇摩志麻治命の子孫が物部《もののべ》氏です。

系図5

饒速日命 ─┬─ 宇摩志麻治命
　　　　　└─ 天香語山命（高倉下）

石上神宮

八咫烏《やたがらす》の導きと上賀茂《かみがも》の秘密

一難去ったものの、神倭伊波礼毘古尊《カムヤマトイハレビコノミコト》たち一行は、今度はひどく道に迷ってしまいました。そこで高皇産霊神《タカミムスビノカミ》が建角身命《タケツノミノミコト》をお呼びになり、「今、日向《ひむか》の御子（神倭伊波礼毘古尊のこと）が道に迷っているから、道案内をしてやってくれ」と言って派遣します。

これが八咫烏《やたがらす》です。『古事記』では、建角身命が八咫烏に化身して、高皇産霊神に遣《つか》わされたと描かれています。

建角身命のことを迦毛大御神《カモオホミカミ》とも呼びます。八百万《やおよろず》の神々の中で「大御神」とつくのは、天照大御神のほかは、この迦毛大御神だけです。迷って困っているときに助けられたのが、どんなにありがたかったのかがよくわかる名前です。

この建角身命を祭神《さいじん》として祀っているのが下鴨《しもがも》神社です（祭神としての名前は賀茂建角身命《カモタケツノミノミコト》）。

京都の下鴨神社は崇神《スジン》天皇の時代よりもっと前からある大変古い神社で、〈糺《ただす》の森《もり》〉があることからも、迷ったときに最終的に判断を下すために行くところです。

賀茂別雷大神《カモワケイカヅチノオオカミ》を祀る上賀茂神社も、建角身命と縁《ゆかり》があります。

由緒によれば、玉依姫命《タマヨリビメノミコト》が禊《みそぎ》をしていたところ、丹塗《にぬり》の矢（赤く塗った矢）が流れてきました。その矢を持ち帰ったところ、矢の力で御子を授かりました。その御子が元服《げんぷく》を迎えるときに、建角身命が八尋殿《やひろどの》を造って、大勢の神々を招いて祝宴を催《もよお》し、御子に盃《さかずき》を渡して自分の父と思う神に捧げるように言うと、御子は、自分の父は天つ神であると宣言し、雷鳴とともに天に上って姿を消してしまいました。

建角身命と玉依姫命が再び御子に会いたいと願っていると、神託《しんたく》が下り、その神託のとおりに神迎えの儀式を行って降臨《こうりん》したのが、御子である賀茂別雷大神です。

上賀茂神社は、まったく同じ造りの正殿《せいでん》と権殿《ごんでん》が左右に並び、そのいずれでも賀茂別雷大神を祀っていることになっています。

しかし、本当は左右それぞれ一柱ずつで、二柱の神々を祀っているのです。神を降ろす場所である神籬《ひもろぎ》を見ると、二柱降ろしていることが明らかなのです。

一柱は確かに賀茂別雷大神です。では、もう一柱は誰でしょうか。

上賀茂神社の神籬

ヒントは、賀茂別雷大神のお母さんの玉依姫命にあります。

賀茂別雷大神は玉依姫の息子ですから、神倭伊波礼毘古尊と兄弟ということになります。しかし、神倭伊波礼毘古尊の系図を見ると、賀茂別雷大神は兄弟として入っていません。

神倭伊波礼毘古尊の父は鵜草葺不合尊《ウガヤフキアヘズノミコト》です。もし、玉依姫命が持ち帰った矢が鵜草葺不合尊だったとしたら、賀茂別雷大神は神倭伊波礼毘古尊と同じ父母から生まれたことになりますから、神倭伊波礼毘古尊と同じ系図に載《の》ったはずです。

系図に載らなかったのは、お父さんが違うからです。あの矢が鵜草葺不合尊ではないからです。

上賀茂神社で賀茂別雷大神と並んで祀られているのは、同母異父兄弟である神倭伊波礼毘古尊、神武《ジンム》天皇なのです。

賀茂別雷大神の父親が神武天皇の父親とは別の人だから、神武天皇が祀られていることが隠されているのです。

隠すのは、天皇家を守るためです。

よく、隠された神というと、天皇家以外の神が隠されていると誤解されるのですが、この場合、天皇家のほうを隠してあるのです。

平安時代から鎌倉時代には、上賀茂神社・下鴨神社の両方に斎院《さいいん》が置かれ、天皇の皇女が奉仕しました。特に上賀茂神社は、山城国《やましろのくに》（今の京都府）の一の宮として崇敬《すうけい》されてきました。明治時代から第二次世界大戦の終わりまで、伊勢神宮に次ぐ社格を持っていた神社です。上賀茂神社が重んじられる理由も、実は神武天皇を祀っているからだと考えると納得がいきます。

竹内家極秘口伝である『帝王日嗣《ていおうひつぎ》』によれば、玉依姫命は建角身命と関係があったと聞いています。ですから、神武天皇にとって、建角身命は、いわば叔父のような存在でした。

尻尾のある人々

神倭伊波礼毘古尊《カムヤマトイハレビコノミコト》の夢の中に高木神《タカキノカミ》が現れてこう言いました。

「天つ神の御子よ、この土地から奥に行ってはなりません。荒ぶる神々が大勢います。今、天から八咫烏《やたがらす》を派遣します。この八咫烏の道案内に従って行きなさい」

神倭伊波礼毘古尊ら一行は、八咫烏の導きで吉野川にやってきました。すると、そこには魚を取っている人がいました。

故其の教へ覚《さと》しのままに、其の八咫烏の後《しり》より幸行《い》でませば、吉野河《えしののかは》の河尻《かはしり》に到《いた》ります。時に筌《うへ》を作《つく》り魚《な》取る人有り。尓して天つ神の御子問ひたまはく、「汝《な》は誰《たれ》ぞ」ととひたまふ。答へ白《まを》さく、「僕《やつかれ》は国《くに》つ神、名は贄持之子《にへもつのこ》と謂《い》ふ」とまをす。此は阿陀《あだ》の鵜養《うかひ》が祖《おや》。

そこで夢の中で教えられたとおりに、八咫烏のあとを追って旅をつづけると、やがて吉野河《えしのがわ》［今の吉野川］の河上に達した。そこに、割り竹を編んだ筌《うえ》［筒状の漁具］を河の流れに沈めて、魚を取っている者がいた。天神の御子はこれを見て、

「お前は誰か？」

こう尋ねたところ、

「私は国神《くにつかみ》で、名は贄持之子《ニヘモツノコ》と申します。」

このように答えた。
これは阿陀《あだ》の鵜養《うかい》の部《べ》の祖先である。

『古事記』の場面を読むと、川で魚を取っている人を一人家来にしたように思えますが、贄持之子《ニヘモツノコ》は国神ですから、自分に従う人々がいて、その長なのです。魚を取って運ぶ輸送部隊が神倭伊波礼毘古尊に従ったと考えてください。

一行は熊野から吉野にやってきたわけですが、熊野と吉野は道がつながっていますし、いざというときには、熊野で危なくなったら吉野に逃げ、吉野で危険になったら熊野に逃げるというふうに、一体と考えていいのです。

このあと、一行が旅を続けるうちに、尻尾《しっぽ》の生えた人たちと次々に出逢います。

其地《そこ》より幸行《い》でませば、尾生《をお》ふる人井《ゐ》より出で来《く》。其の井光《ひかり》有り。爾して、「汝は誰ぞ」と問ひたまふ。答へ白さく、「僕《やつかれ》は国つ神、名は井氷鹿《ゐひか》と謂ふ」とまをす。此は吉野首等《えしののおびとら》が祖なり。其の山に入りたまへば、また尾生ふる人に遇《あ》へり。此《こ》の人巌《いはほ》を押し分けて出《い》で来《く》。尓して問ひたまはく、「汝は誰ぞ」ととひたまふ。答へ白さく、「僕《やつかれ》は国つ神、名は石押分之子《いはおしわくのこ》と謂ふ。今、天つ神の御子幸行《い》でますと聞く。故、参《まゐ》向かへつるのみ」とまをす。此は吉野の国巣《くにす》が祖。其地《そこ》より蹈《ふ》み穿《うか》ち越《こ》え、宇陀《うだ》に幸《い》でます。故宇陀《うだ》の穿《うかち》と曰《い》ふ。

さらにそこから旅をつづけてゆくと、尻尾《しっぽ》のある人間が、泉の中から現われた。その泉の水はきらきらと光っていた。

「お前は誰か？」

こう尋ねたところ、

「私は国神《くにつかみ》で、名は氷鹿《ヒカ》と申します。」

こう答えた。

これは、吉野《えしの》の首《おびと》［首は姓《かばね》］などの祖先である。

それから山の中に踏み入ったが、そこでまた尻尾のある人間に出会った。この者は、大きな岩を押し分けて出てきた。

「お前は誰か?」

こう尋ねたところ、

「私は国神《くにつかみ》で、名は石押分之子《イハオシワクノコ》と申しますが、ただ今、天神の御子《みこ》がおいでになると聞きましたので、お迎えに参上したのでございます。」

このように答えた。

これは、吉野の国巣《くず》〔国巣は原住民を示す〕の祖先である。

この土地から、道もない深山《しんざん》をさらに踏み越え、道を穿《うが》って難行《なんぎょう》をつづけながら、ようやく宇陀《うだ》に達した。道を穿《うが》って進んだゆえに、宇陀の穿《うがち》と言う。

「尾生ふる人」というのはちょっと驚くような言葉ですが、野蛮なものとして人間扱いされず、獣《けもの》のように扱われた人をこのように表現しているのです。

大和を支配していた饒速日命《ニギハヤヒノミコト》こと大年命《オオトシノミコト》は、お年玉をくれる神様でもありますから、悪い神様ではありません。

大年命の前に大和を支配していて、大年命に制圧されたあとは和平して大年命と仲良く暮らしていた那賀須泥毘古《ながすねびこ》や安日彦《あびひこ》は、中国から来た人たちの子孫であり、日本人を野蛮人と見て、そういうふうに扱っていたということです。

天つ神の御子がやってきたと聞いて、そういう人たちが続々と神倭伊波礼毘古尊たちを歓迎し、従いました。

兄宇迦斯《えうかし》・弟宇迦斯《おとうかし》

宇陀には、兄宇迦斯・弟宇迦斯という兄弟が勢力を張っていました。神倭伊波礼毘古尊《カムヤマトイハレビコノミコト》は八咫烏《やたがらす》を派遣して、兄弟にこう尋ねさせました。

「今、この地に天つ神の御子がおいでになった。お前たち兄弟は、御子にお仕え奉《たてまつ》るか」

すると、兄の兄宇迦斯は八咫烏に向けて鏑矢《かぶらや》を射掛け、追い払ってしまいました。その鏑矢が落ちたところを訶夫羅前《かぶらざき》といいます。さらに兄宇迦斯は、神倭伊波礼毘古尊らを迎え撃つ軍隊を集めようとしましたが、応じる者がありません。
そこで、兄宇迦斯は、軍で討《う》てないなら計略にかけようと、悪巧《わるだく》みをめぐらします。しかし、弟宇迦斯には違う考えがありました。

「待ち撃《う》たむ」と云《い》ひて、軍《いくさ》を聚《あつ》む。然《しか》あれども、軍をえ聚めずあれば、仕へ奉らむと欺陽《いつは》りて、大殿《おほとの》を作り、其の殿《との》の内《うち》に押機《おし》を作り待つ時に、弟宇迦斯《おとうかし》まづ参向《まゐ》かへ、拝《をろが》み白《まを》さく、「僕《やつかれ》が兄兄宇迦斯《え》、天つ神の御子の使を射返《いかへ》し、待ち攻めむとして軍を聚むれども、え聚めずあれば、殿を作り、其の内に押機を張りて、待ち取らむとす。故《かれ》参向かへて顕《あらは》し白《まを》す」とまをす。

東上してきた御子の軍隊を迎え撃とうと、檄《げき》を飛ばして軍隊を駆り集めたが、いっこうに味方につく者がなかった。そこで、お仕え申しますと嘘《うそ》をついて、大きな御殿を建て、その中に、人が踏むとたちまちわなにかかるように仕掛けた押機《おし》を作り、その準備のととのったところで、御子の来るのを待っていた。

ところが弟の宇迦斯のほうが、一足先に御子のもとへ参上して、うやうやしく平伏《へいふく》すると、兄の企《たくら》みを告げて次のように言った。

「私の兄の宇迦斯は、天神の御子から差し向けられましたお使《つかい》を射《い》返《かえ》して、あなたさまがたを迎え撃つ決心で軍隊を集めたのでございますが、どうにも味方が集まりませんので、一計を案じました。大きな御殿を建て、その中にひそかに押機《おし》を張って、御子の油断を見すまして亡き者にする考えでございます。そこで私が参上いたしまして、兄の計略をお伝え申す次第《しだい》でございます。」

このように密告した。

そこで、神倭伊波礼毘古尊は道臣命《ミチノオミノミコト》と大久米命《オホクメノミコト》に命じ、兄宇迦斯のところに行かせました。二人は兄宇迦斯を呼び寄せて言いました。

「貴様が天つ神の御子をもてなすために建てた御殿に、まず貴様が自分で入ってみよ。どういうもてなし方をするのか、とくと見せてもらおう」

二人が剣の柄《つか》を握り、矛《ほこ》を振り回し、弓矢を構えて兄宇迦斯を御殿に追い入れると、兄宇迦斯は自分で作った押機にかかって死んでしまいました。道臣命と大久米命は、その死骸《しがい》を引きずり出して切り刻みました。

その夜、弟宇迦斯はご馳走を作り、神倭伊波礼毘古尊ら一行を盛大にもてなしました。その席で、御子たちはこんな歌を歌いました。

宇陀《うだ》の　高城《たかき》に　鴫罠張《しぎわなは》る
我《わ》が待《ま》つや　鴫《しぎ》は障《さや》らず
いすくはし　鯨障《くぢらさや》る
前妻《こなみ》が　菜乞《なこ》はさば
立柧棱《たてそば》の　実《み》の無《な》けくを
こきしひゑね
後妻《うはなり》が　菜乞《なこ》はさば
いちさかき　実の多《おほ》けくを
こきだひゑね
ええ、しやごしや。此《こ》はいのごふぞ。
ああ、しやごしや。此《こ》は嘲咲《あざわら》ふぞ。

宇陀《うだ》の山べの小高い丘に、柵《さく》を構えて鴫罠張《しぎわな》った。
待てど暮らせど鴫《しき》はかからず、
ところがどっこい、臆病者の鴫どころか、途方もなく大きな鷹《たか》の奴《やつ》
が、ものの見事にかかったことよ。
家に待つ古い妻が、獲物《えもの》待ちかね肴《さかな》がほしいと言ったなら、
そんな奴には立ち枯れの蕎麦《そば》の実《み》のよう、
実のないところをそぎ取って、ちょっぴりやればたくさんだ。
あとから娶《めと》った可愛い妻が、獲物待ちかね肴がほしいと言ったなら、
柃《ひさかき》の木のように、ぎっしり実のあるおいしいところを、
いくらでもそぎ取ってやるがいいさ。
　ええ　しやこしや　これは嘲《あざけ》りののしるのである。
　ああ　しやこしや　これは嘲り笑うのである。

尻尾の生えた人というのは野蛮なものとして人間扱いされなかったと先に述べましたが、この兄宇迦斯・弟宇迦斯も、野蛮で獰猛《どうもう》で、獣のように扱われた人たちです。

撃ちてし止まむ

一行の旅はまだ続きます。忍坂《おさか》というところにやってくると、あたりから不気味な唸《うな》り声が聞こえてきました。このあたりには土蜘蛛《つちぐも》と呼ばれる土着民がいて、八十人もの野蛮で獰猛な賊たちが地面に掘った穴の中に籠《こも》り、待ち構えていたのです。

神倭伊波礼毘古尊《カムヤマトイハレビコノミコト》は、八十人全員にご馳走《ちそう》を振る舞うと触れ回らせ、その八十人ひとりひとりに、一人ずつの兵卒を割り当て、膳部《ぜんぶ》を持って行かせました。兵卒たちには剣を帯びさせて、合図の歌を聞いたら一斉に斬りかかれと、あらかじめ命じておきました。その合図の歌は、久米《くめ》歌《うた》と呼ばれます。

忍坂《おさか》の　大室屋《おほむろや》に
人多《ひとさは》に　来入《きい》り居《を》り
人多《ひとさは》に　入り居《を》りとも
みつみつし　久米《くめ》の子が
頭椎《くぶつつ》い　石椎《いしつつ》いもち

撃《う》ちてしやまむ
みつみつし　久米《くめ》の子らが
頭椎《くぶつつ》い　石椎《いしつつ》いもち
今撃《いまう》たば善《よ》らし

忍坂《おさか》の大きな室屋《むろや》の中に、
多くの者どもが集まってきた。
どんなにたくさん集まろうとも、
武勇に秀《ひい》でた久米《くめ》の兵《つわもの》が、
切れ味するどい頭椎《くぶつち》の太刀《たち》、石椎《いしつち》の太刀を引き抜いて、
撃ってのけずにおくものか。
武勇に秀でた久米の兵《つわもの》が、切れ味するどい頭椎の太刀、石椎の太
刀を引き抜いて、
今こそ、それ、撃ってのけるはこの時機だ。

歌の合図で、兵士たちは一斉に剣を抜き、土蜘蛛たちを切り伏せてし

まいました。

この久米歌には呪術的な意味があります。歌は言霊《ことだま》であり、単純に剣で相手を倒すだけではなく、まず言葉に込められた言霊で相手を倒すのです。

那賀須泥毘古《ながすねびこ》との決戦

神倭伊波礼毘古尊《カムヤマトイハレビコノミコト》たちは満を持して、いよいよ兄・五瀬命《イツセノミコト》の仇《あだ》である那賀須泥毘古との決戦に挑みました。

兄の遺言に従い、太陽を背にして陣を敷いた神倭伊波礼毘古尊の軍勢にとって、もはや那賀須泥毘古は物の数ではありません。たちまちに討ち果たしてしまいます。

このとき、神倭伊波礼毘古尊は次のような歌を歌いました。

みつみつし　久米《くめ》の子《こ》らが
粟生《あはふ》には　香韮《かみら》一本《ひともと》
そねが本《もと》　そね芽《め》縛《つな》ぎて

撃《う》ちてしやまむ

武勇に秀でた久米の兵《つわもの》が、
日ごろ耕す粟畑《あわばたけ》に、紛れ込んだは臭《くさ》い韮《にら》、
邪魔もののその韮を、根こそぎに引っこ抜き、根につながった芽も
ろとも、いっしょくたに引き抜くよう、
憎い敵の奴ばらを、撃ってのけずにおくものか。

さらに、次のような歌も歌いました。

みつみつし　久米《くめ》の子《こ》らが
垣下《かきもと》に　植《う》ゑし山椒《はじかみ》
口《くち》ひひく　我《われ》は忘《わす》れじ
撃《う》ちてしやまむ

武勇に秀でた久米の兵《つわもの》が、

日ごろ屯《たむろ》する垣根の畑に、植えた山椒《さんしょう》のその実《み》を食《は》めば、
ぴりぴり辛《から》くて忘れられぬ、手痛い怨《うら》みは、夢にも忘れぬ。
この仇《あだ》は、必ずや撃ってのけずにおくものか。

もうひとつ、このような歌も歌いました。

神風《かむかぜ》の　伊勢《いせ》の海《うみ》の
大石《おひし》に　這《は》ひ廻《もとほ》ろふ
細螺《しただみ》の　い這《は》ひ廻《もとほ》り
撃《う》ちてしやまむ

神風の吹く伊勢《いせ》の国の、
海辺にある大きな岩を、這いまわる
小さな細螺《きさご》［小さな巻き貝］のように、賊どもを取り囲んで、
一人あまさず撃ってのけずにおくものか。

これらの久米歌に歌われる「久米の子ら」の久米氏は、神魂神《カミムスビノカミ》の系列の氏族です。神倭伊波礼毘古尊の道案内をした八咫烏《やたがらす》こと建角身命《タケツノミノミコト》は賀茂《かも》氏の祖で、やはり神魂神の系列です。これらの人々はみな同族で、賀茂氏の八咫烏が先導していたということなのです。

神魂神の系列の氏族には、他《ほか》にも、犬養《いぬかい》氏や度会《わたらい》氏があります。これら同族がみんな神倭伊波礼毘古尊の味方についたわけです。

『古事記』ではこのように、神倭伊波礼毘古尊に討たれて死んだことになっている那賀須泥毘古ですが、本当は死なずに東北へ逃れました。青森県には「日本中央」と彫られた古い石碑があります。

日下《ひのもと》将軍である那賀須泥毘古が東北地方に逃げたから、東北にこのような石碑が残されているのです。

那賀須泥毘古には、「自分は日の本の将軍だ。日の本は私だ」という意識があったのでしょう。

日本を表す言葉には、瑞穂《みずほ》の国、秋津島《あきつしま》のほか、秀真《ほつま》の国という言い方もあります。この秀真の国という言葉も、実は東北を指していることも多いのです。

日本や、日本を表す秀真が東北を指すことが意外に多いのは、那賀須泥毘古が東北まで行った、ということを意味しているのです。

橿原宮《かしはらのみや》

那賀須泥毘古《ながすねびこ》の軍を討ち果たした神倭伊波礼毘古尊《カムヤマトイハレビコノミコト》一行は、今度は兄師木《えしき》・弟師木《おとしき》という兄弟と戦いましたが、戦いが長引き、さすがの久《く》米《め》の兵たちも疲れ切ってしまいました。そこで、神倭伊波礼毘古尊は次の歌を歌いました。

楯並《たてな》めて　伊那佐山《いなさのやま》の
樹《こ》の間《ま》よも　い行《ゆ》きまもらひ
戦《たたか》へば　我《われ》はや飢《ゑ》ぬ
島《しま》つ鳥《とり》　鵜養《うかひ》が伴《とも》
今助《いますけ》けに来《こ》ね

楯を押し並べて敵軍に対し、伊《い》那《な》佐山《さやま》に生い茂る木々の間を、あるいは敵の様子をうかがい守り、あるいは走り出て矛《ほこ》をまじえて戦ったので、私はもうすっかり飢えてしまった。
わが軍に従う鵜飼部《うかいべ》の者どもよ、
たった今助けに来てくれ。

すると戦いの最中に、饒速日命《ニギハヤヒノミコト》が神倭伊波礼毘古尊の陣までやってきて、次のように言ったと『古事記』は語っています。

「天つ神の御子が、高天原《たかあまはら》から降ったと聞きましたので、私もこうしてあとを追って天降りして参りました」

そして、天つ神の子の印である「天つ瑞《あましるし》」を献上し、臣従《しんじゅう》を誓いました。

饒速日命が加わったことで、神倭伊波礼毘古尊の軍勢は勇気百倍して勇み立ち、兄師木・弟師木兄弟を打ち破ったのでした。

先に述べたように、饒速日命は、最初の那賀須泥毘古との戦いの時点で、既に病気でした。『帝王日嗣《ていおうひつぎ》』の別の口伝では、亡くなっていた、という話もあります。

なぜ『古事記』ではここに饒速日命が出てくるかというと、ここで天つ瑞が献上されたとすることで、天照大御神《アマテラスオホミカミ》と出雲の須佐之男命《スサノヲノミコト》の系図をつなげたのです。

その後、各地を平定した神倭伊波礼毘古尊は、畝火《うねび》（今の奈良県橿原市）の白檮原宮《かしはらのみや》で即位しました。

ここで、『帝王日嗣』に伝わる神武天皇の即位の年を明らかにしておきましょう。『帝王日嗣』の極秘口伝を相称し、最終的に得た即位年は、紀元後五十七年です。

橿原神宮《かしはらじんぐう》と畝傍山《うねびやま》

第三章　ここに大和始まる

神倭伊波礼毘古尊《カムヤマトイハレビコノミコト》のお后探し

神倭伊波礼毘古尊（のちの初代・神武《ジンム》天皇）がまだ日向《ひむか》の地にいたとき、阿比良比売《アヒラヒメ》という妻がいました。

阿比良比売との間には、当芸志美美命《タギシミミノミコト》と岐須美美命《キスミミノミコト》という息子たちがありましたが、神倭伊波礼毘古尊は、白檮原宮《かしはらのみや》で即位したあと、正式な皇后にふさわしい女性を探していました。

神倭伊波礼毘古尊のお后選びを、まず、『古事記』に沿って見ていきましょう。

神倭伊波礼毘古尊に仕える大久米命《オホクメノミコト》が口を開きました。

「此間《ここ》に媛女《をとめ》有り。是《こ》れ神の御子《みこ》と謂《い》ふ。其《そ》の神の御子と謂ふ所以《ゆえ》は、三嶋《みしま》の湟咋《みぞくひ》が女《むすめ》、名は勢夜陀多良比売《せやだたらひめ》、其の容姿麗美《かたちうるは》し。故美《み》和《わ》の大物主神《おほものぬしのかみ》、見感《みめ》でて、其の美人《をとめ》の大便為《くそま》る時に、丹塗矢《にぬりや》に化《な》り、其の大便為る溝《みぞ》より、流《なが》れ下《くだ》り、其の美人のほとを突《つ》く。尓《しか》して其の美人驚きて、立《た》ち走《はし》りいすすきき。其の矢を将《も》ち来《き》、床《とこ》の辺《へ》に置く。忽《たちま》ちに麗《うるは》しき壮夫《をとこ》に成りぬ。其の美人に娶《あ》ひて生《う》める子、名は冨登多多良伊須須岐比売命《ほとたたらいすすきひめのみこと》と謂ふ。またの名は比売多多良伊須気余理比売《ひめたたらいすけよりひめ》と謂ふ。是《こ》は其のほとと云《い》ふことを悪《にく》みて、後《のち》に改《あらた》めつる名ぞ。故是《ここ》を以《も》ち神の御子と謂ふ」とまをす。

「この大和《やまと》の国に、神の御子《みこ》であると言われている乙女がございます。神の御子であるというのには、こうしたわけがあります。三《ミ》島湟咋《シマノミゾクヒ》の娘で、名を勢夜陀多良比売《セヤダタラヒメ》という乙女は、姿かたちがたいそううるわしかったので、三輪《みわ》の大物主神が、これをごらんになって恋い慕《した》われ、乙女が、川の流れの上に建てた厠《かわや》へおはいりになった時を見すまし、赤土を塗って染めた丹塗矢《にぬりや》に身を変えて厠《かわや》の下の流れのところから、乙女の陰処《ほと》を突きあげました。乙女はびっくりして走りまわり、うろうろして大騒ぎになりました。そこで突かれた矢を持ってきて、床のあたりに置きましたところ、たちまち、みめうるわしい男になり、やがてその乙女を妻として、生ませた御子の名は、富登多多良伊須須岐比売命《ホトタタライススギヒメノミコト》、別名は比売多多良伊須気余理比売《ヒメタタライスケヨリヒメ》と申すのでございます。

この名前は、陰処《ほと》という字を嫌って、のちに改めたものである。こういうわけがあって、それで神の御子と申す次第《しだい》でございます。」

このように言った。

大物主神《オホモノヌシノカミ》というのは、前章でも説明したように、須佐之男命《スサノヲノミコト》の息子の大年命《オホトシノミコト》、饒速日命《ニギハヤヒノミコト》のことです。『古事記』では、神武天皇の皇后伊須気余理比売《イスケヨリヒメ》は、三輪山の大物主神の娘とされています。しかし、実は、この伊須気余理比売というのは、事代主命《コトシロヌシノミコト》の娘の媛蹈鞴五十鈴媛命《ヒメタタライスズヒメノミコト》です。

事代主命は大国主神の息子ですから、媛蹈鞴五十鈴媛命は大国主神の娘ではなく、孫となります。

つまり神武天皇の皇后として出雲の血が大和に入ったということです。

『古事記』には、伊須気余理比売のお母さん、勢夜陀多良比売のところに矢が流れてきて、伊須気余理比売を産んだとあるのですが、この「矢が流れてきた」というのは、かなり変わった表現です。

大国主神 ┬ 阿遅鉏高日子根神
├ 高比売命　　　神武天皇
│　　　　　　　　｜
├ 事代主神 ─ 媛蹈鞴五十鈴媛命
│　　　　　　（伊須気余理比売）
├ 建御名方神
⋮

実はこれは、大物主神が出雲の国から大和に流れてきたことを表すメタファーなのです。

そしてもうひとつポイントがあります。流れてきたのが「矢」だということです。

天照大御神《アマテラスオホミカミ》が「葦原中国《あしはらのなかつくに》は私の子供が治めるべき国である」と詔して、荒ぶる神々が騒いでいる葦原中国に帰順を促すため、天若日子《アメワカヒコ》を使者として派遣するときに授けたのが、天《あめ》の麻迦古弓《まかこゆみ》と天《あめ》の波々矢《ははや》でした。

是《ここ》を以《も》ち高皇産霊神・天照大御神、また諸神等《もろかみたち》を問ひたまはく、「葦原中国に遣《つか》はせる天菩比神《あめのほひのかみ》、久しく復奏《かへりごとまをさ》さず、また何《いず》れの神を使はさば吉《え》けむ」ととひたまふ。尓して思金神答へ白さく、「天《あま》津国玉神《つくにたまのかみ》の子天若日子《あめわかひこ》を遣はすべし」とまをす。故尓して天《あめ》の麻《ま》迦古弓《かこゆみ》・天《あめ》の波々矢《ははや》を以《も》ち天若日子に賜《たま》ひて遣はしき。

高皇産霊神と天照大御神とは、また多くの神々を集めて、次のように尋ねた。

「葦原中国に使に出した天菩比神は、すでに久しくなるのに、いまだに戻ってきて事の次第を告げようとはしない。このうえは、どの神を使に出したらよいものだろうか？」

そこで思金神が答えて言うには、

「天津国玉神《アマツクニタマノカミ》の子である、天若日子《アメワカヒコ》を使に出してみましょう。」

こう言ったので、鹿狩《しかがり》に用いる、天之麻迦古弓《あめのまかこゆみ》と天之波波矢《あめのははや》とを、天若日子に授《さず》けて、これを地上への使として差し向けた。

天若日子は、天照大御神の命を受けて派遣されたにもかかわらず、大国主命《オホクニヌシノミコト》の娘の下照比売《シタテルヒメ》と結婚してそのまま居着いてしまい、八年経ってしまいます。

そこで、今度は、天照大御神と高皇産霊神《タカミムスビノカミ》は雉《きじ》の鳴女《ナキメ》を遣わして、

「いったいなぜ八年も戻ってこないのか」と問わせます。

天若日子は、天照大御神から授かった弓矢で鳴女を射殺し、その矢が高天原に届きました。

故高木神、其の矢を取りて見たまへば、血其の矢の羽《は》に着けり。是に高木神告《の》りたまはく、「此《こ》の矢は天若日子に賜へる矢ぞ」とのりたまふ。諸神等《たち》に示して詔りたまはく、「もし天若日子、命《みこと》を誤《あやま》たず、悪《あら》ぶる神を射つる矢の至れるならば、天若日子に中《あた》らず。もし耶《きたな》き心有らば、天若日子此の矢にまがれ」と云《の》りたまひて、其の矢を取り、其の矢の穴より衝《つ》き返し下《くだ》したまへば、天若日子が、朝床《あさとこ》に寝《いね》たる高胷坂《たかむなさか》に中《あた》りて死ぬ。

高皇産霊尊は、矢に血がついているのを見て、こう言います。
「これは天若日子に賜《たまわ》った矢だ。もし天若日子が命令を忠実に守って荒ぶる神を射った矢が飛んできたのなら、矢よ、天若日子には当たるな。もし天若日子に邪《よこしま》な心があったのなら、矢よ、天若日子に当たれ」

そして、天の波々矢を投げ返すと、見事に天若日子の胸に当たり、天若日子は死んでしまいました。

この天波々矢は、『日本書紀』で、神倭伊波礼毘古尊（『日本書紀』では神日本磐余彦尊）と那賀須泥毘古《ナガスネビコ》（『日本書紀』では長髄彦）の決戦の場面にも出てきます。

那賀須泥毘古は神倭伊波礼毘古尊に向かって、「私は天つ神の御子である饒速日命にお仕えしています。

饒速日命は私の妹の三炊屋媛《みかしやひめ》を妻となされて、御子も生まれています。天つ神の御子がお二方もあってよいものでしょうか」と言って、饒速日命が確かに天つ神の御子である証拠として、天の波々矢（『日本書紀』では天羽羽矢）を示します。

すると、神倭伊波礼毘古尊も、自分が間違いなく天つ神の御子である証拠として、天波々矢を示すのです。

つまり、「矢」は天孫族の象徴なのです。矢が流れてきたとは、天孫族がやってきたということを意味しています。

大物主神は和平派の人なので、神倭伊波礼毘古尊が東征でやってきたとき、もし生きていたら国を譲っていたことでしょう。

前章で、大年命こと饒速日命は、大和を圧倒的な海軍力で制圧し、那賀須泥毘古を平和的に従えていたと書きました。

そして、神倭伊波礼毘古尊と那賀須泥毘古が戦ったときには、大年命は病気だった、とも書きました。しかし、おそらく国譲りの前には大年命は亡くなっていたと考えられます。

和平派の大年命が亡くなっていて、徹底抗戦派の那賀須泥毘古が残っていたから、戦いになったわけです。

負けた那賀須泥毘古は納得がいかず、さらに東北に転戦して、東北で日の本将軍と名乗ったのも、前章でお話ししたとおりです。

伊須気余理比売《イスケヨリヒメ》の立后《りっこう》

さて、お后選びの続きをさらに『古事記』で見ていきましょう。

是《ここ》に七《なな》たりの媛女《をとめ》、高佐士野《たかさじの》に遊行《あそ》ぶ。伊須気余理比売其の中《なか》に在り。尓して大久米命、其の伊須気余理比売を見て、歌を以《も》ち天皇《すめらみこと》に白《まを》して曰《まを》さく、

　倭《やまと》の高佐士野《たかさじの》を
七行《ななゆ》く　媛女《をとめ》ども

誰《たれ》をしまかむ

　尓して伊須気余理比売は、其の媛女等《をとめら》の前《さき》に立てり。天皇、其の媛女等《ら》を見て、御心《みこころ》に伊須気余理比売の最前《いやさき》に立てるを知らして、歌を以ち答へ曰《の》りたまはく、

かつがつも　いや先立《さきだ》てる
兄《え》をしまかむ

　高佐士野の丘の上を、七人の乙女たちが野遊びをしていました。その中には伊須気余理比売がいました。天皇が大久米命《オホクメノミコト》を連れて歩いていると、伊須気余理比売たちの一行に出逢いました。大久米命は、歌で天皇の気持ちを尋ねました。

大和の高佐士野を
七人ほど打ち連れ立って行く　乙女たち
その乙女らのうちのどなたを　手に纏《ま》いて寝る妻とはなさいますか

伊須気余理比売は一行の先頭に立っていました。天皇は、七人の乙女たちを眺めると、先頭に立っているのが伊須気余理比売であろうと心の中に読み取って、歌を詠《よ》んで答えました。

かつがつも　最前立《いやさきだ》てる　兄《え》をし枕《ま》かむ

はっきり誰というのもむずかしいが、まあの先頭に立っている、綺麗《きれい》な姉娘をば妻としたいものだ。

そこで、大久米命は、天皇がお召《めし》になりたいと思っておられるが、仕える気はあるかと、伊須気余理比売に伝えに行きました。大久米命は目尻に黥《いれずみ》を施《ほどこ》していたので、不思議に思った比売は、こう歌で問いかけました。

あめつつ　ちどり　ましとと　など黥《さ》ける鋭目《とめ》

雨燕《あまどり》、鶺鴒《つつどり》、千鳥《ちどり》、鵐鳥《しとと》、それにあなたも、
なんでそんなに大きなお目？

この歌を聞いて、大久米命は、やはり歌で答えました。

媛女《をとめ》に　直《ただ》に逢はむと
我《わ》が黥ける鋭目

これはお嬢さんをお見つけしようと、
鵜《う》の目鷹《たか》の目、大きくなったのでございます。

そこで比売は、「お仕えいたしましょう」と答え、神倭伊波礼毘古《カムヤマトイハレビコノ》尊《ミコト》の求婚を受け入れました。
神倭伊波礼毘古尊は伊須気余理比売の家で一夜をともにしたあと、しばらくしてのち、改めて皇后として宮中に迎えました。
そのとき、天皇はこう歌いました。

葦原の　しけしき小屋《をや》に
菅畳《すがたたみ》　いや清敷《さやし》きて
我《わ》が二人寝《ふたりね》し

見渡す限《かぎ》り葦《あし》の茂った、ひっそりした狭井河べりの家の中に、
菅《すげ》を編んだ敷物を涼しげに重ね敷いて、
むかし、私たちは二人して、ともに寝たこともあったものだ。

伊須気余理比売が『古事記』の記述のとおりに大物主神《オホモノヌシノカミ》（大年命《オホトシノミコト》）の娘であるにしろ、あるいは、『帝王日嗣《ていおうひつぎ》』が伝えるように事代主命の娘で大物主神の孫であるにしろ、須佐之男命を先祖とする出雲系の女性であるのは間違いありません。

神倭伊波礼毘古尊と伊須気余理比売の結婚によって、出雲と大和は最終的に融合されることになります。

天照大御神《アマテラスオホミカミ》と須佐之男命《スサノヲノミコト》のうけいの勝負からここまで、本当に長い戦いが続いてきましたが、ここでようやくすべてが終わったのでした。

神倭伊波礼毘古尊は、阿比良比売《アヒラヒメ》との間に当芸志美美命《タギシミミノミコト》と岐須美美命《キスミミノミコト》の二人の男子を、また、皇后・伊須気余理比売との間には、彦八井命《ヒコヤヰノミコト》、神八井耳命《カムヤヰミミノミコト》、神沼河耳命《カムヌナカワミミノミコト》の三人の男子を残して、一三七歳で身罷《みまか》られたと『古事記』は伝えています。

当芸志美美命《タギシミミノミコト》の変

神武天皇《ジンム》（神倭伊波礼毘古尊《カムヤマトイハレビコノミコト》）が残した正式な皇子は、皇后・伊須《イス》気余理比売《ケヨリヒメ》との間の、彦八井命《ヒコヤヰノミコト》、神八井耳命《カムヤヰミミノミコト》、神沼河耳命《カムヌナカハミミノミコト》の三人です。

しかし、三人の腹違いの兄に当たる当芸志美美命（手研耳命）は、三人の皇子を差し置いて天皇の位を得るために、恐ろしい謀《はかりごと》をめぐらしました。

父の未亡人である伊須気余理比売を自分の后にし、自分が皇位につくのに邪魔な三人の皇子たちを殺そうと企《たくら》んだのです。

悩み苦しんだ伊須気余理比売は、危険が迫っていることを、歌で三人の皇子たちに警告しました。

狭韋河《さゐがは》よ　雲起《くもた》ちわたり
畝火山《うねびやま》　木《こ》の葉《は》さやぎぬ
風吹《かぜふ》かむとす

狭井河《さいがわ》のあたりから、みるみるうちに雲が湧《わ》き出て空を覆《おお》った。畝火山《うねびやま》では、木の葉がさやさやと音を立てて揺れている。今に、烈《はげ》しい風が吹き始めるだろう。

また、別の歌には

畝火山《うねびやま》　昼《ひる》は雲《くも》とゐ
夕《ゆふ》されば　風吹《かぜふ》かむとそ
木《こ》の葉《は》さやげる

畝火山は、昼の間は雲が群《むら》がり流れ、夕暮《ゆうぐれ》ともなれば、風の吹く気配がする。

木の葉がさやさやと音を立てて揺れている。

これらの歌を聞いて、三人の御子たちは、当芸志美美命が自分たちを殺そうとしていることを悟《さと》りました。こうなれば、何としても当芸志美美命を討ち果たさねばなりません。

是《ここ》に其の御子聞き知りて驚き、当芸志美美《たぎしみみ》を殺さむと為《す》る時に、神沼河耳命《かむぬなかはみみのみこと》、其の兄神八井耳命《いろえかむやゐみみのみこと》に白《まを》さく、「なね汝命《いましみこと》、兵《つはもの》を持ち入りて、当芸志美美を殺したまへ」とまをす。

末の弟の神沼河耳命は、兄の神八井耳命に、「さあ、兄さん、武器を取って押し入り、当芸志美美を殺しておしまいなさい」と言いました。ところが、神八井耳命は恐怖のあまり、いざとなると動けなくなってしまいます。

故《かれ》兵を持ち、入りて殺《ころ》さむとする時に、手足《てあし》わななきてえ殺さず。

故尓して其の弟《いろど》神沼河耳命、其の兄《いろえ》の持てる兵を乞《こ》ひ取り、入りて、当芸志美美を殺したまふ。故また其の御名《みな》を称《たた》へて、建沼河耳命《たけぬなかはみみのみこと》と謂《い》ふ。

そこで兄君は、武器をとって押し入り、いざ殺そうという段になると、手足がわなわなと顫《ふる》えてきて、どうしても殺すことができなかった。これを見て、弟の神沼河耳命は、兄君の手にした武器を貰《もら》い受けると、中へ押し入って、猶予《ゆうよ》なく当芸志美美を殺してしまった。そのために、弟君の武勇を称《たた》えて、別名を建沼河耳命《タケヌナカハミミノミコト》とも言った。

こうして、怯《おび》えて動けない兄に代わって、三男の神沼河耳命が、当芸志美美命を討ち果たしました。

祭祀王・伊須気余理比売《イスケヨリヒメ》

神武《ジンム》天皇の皇后、伊須気余理比売とはどういう存在だったのか。これは、本書の重要なポイントのひとつです。

大和の政が統治王と祭祀王によって行われていたことを先に述べました。

神武天皇の時代、統治王が神武天皇で、祭祀王は伊須気余理比売だったのです。高天原《たかあまはら》の天照大御神《アマテラスオホミカミ》を降ろすことができる祭祀王ですから、伊須気余理比売は第何代目かの地上の天照大御神ということになるわけです。

伊須気余理比売が祭祀王になったのは神武四年のことです。この年に社《やしろ》を造り、伊須気余理比売はその祭主になっています。

つまり、神武天皇の時代には、統治王と祭祀王を夫婦でやっていたのです。

となると、伊須気余理比売は皇后ではあっても、天照大御神を降ろす巫女ですから、神武天皇と伊須気余理比売の間に本当に肉体関係があったかどうか、わかりません。

一夫一婦制の時代ではありませんから、皇后という形で巫女を宮中に入れて祭祀王とすることは可能です。誓約《せいやく》としては夫婦であっても、肉体関係がなかったとも考えられます。

彦八井命《ヒコヤヰノミコト》、神八井耳命《カムヤヰミミノミコト》、神沼河耳命《カムヌナカハミミノミコト》の三人が、異母兄弟に母を奪われて許せず、討ち殺すというのは、とてもわかりやすい話です。三人が当芸志美美命《タギシミミノミコト》を許せないのには、そういう理由ももちろんあります。

しかし、それ以上に、祭祀王である伊須気余理比売を奪うというのは、それによって当芸志美美命が統治王の位を得ようとしたということも意味しています。

神武天皇の時代、当芸志美美命は天皇の摂政《せっしょう》を務めていました。神武天皇が亡くなったあと、当芸志美美命は、天皇の位を弟たちに渡さず、自分のものにしてしまおうと思ったのです。そのことも、三人の皇子たちには決して許せないことだったでしょう。

綏靖《スイゼイ》天皇

当芸志美美命《タギシミミノミコト》が討ち取られたあと、神八井耳命《カムヤヰミミノミコト》は、弟に天皇の位を譲ると言い出します。

尓して神八井耳命、弟《いろど》建沼河耳命に譲《ゆづ》りて曰《まを》さく、「吾《あ》は仇《あた》を殺すこと能《あた》はず。汝命《いましみこと》既《すで》に仇《あた》を殺すことを得つ。故吾《あ》は兄《え》にあれども、上《かみ》と為《な》るべくあらず。是《ここ》を以ち汝命《いましみこと》、上《かみ》と為り、天《あめ》の下《した》治《し》らしめせ。僕《やつかれ》は汝命を扶《たす》け、忌人《いはひびと》と為りて仕へ奉《まつ》らむ」とまをす。

神八井耳命はこう言いました。

「私は仇を殺すことができなかった。しかし、弟よ、そなたは立派に仇を討ってくれた。だから、私は兄であるからといって、万民の上に立つべきではなかろう。このうえは、そなたが天皇の位について、天下を治めるがよい。私は神事を司り、そなたに仕えることにしよう」

こうして、建沼河耳命《タケヌナカハミミノミコト》が神武《ジンム》天皇のあとを次いで、第二代の天皇となりました。これが綏靖天皇です。西暦七十五年のことでした。

綏靖天皇の時代には、綏靖天皇が統治王、神八井耳命が祭祀王となりました。

綏靖天皇の諡《おくりな》の「綏靖」は、どちらの字も「やすんじる」と読みます。

当芸志美美命の謀を無事に防ぐことができましたし、皇位継承についても、兄の神八井耳命が天皇の位を弟に譲り、祭祀王を務めることで、兄弟が平和に決着して綏靖天皇が即位することができました。このように天下を安んじ治めることができた、という意味の諡です。

一般的には濁《にご》って「すいぜい」と読まれますが、本当は、内々では「すいせい」と読みます。濁音《だくおん》と清音《せいおん》は、俗なるものと聖なるものの違いでもありますが、たとえ諡であっても、一般の人には本来の音で読ませないことによって、本当の名を隠す目的もあります。

神の名も、本名は隠されているのが普通です。

本当の名前を呼ばれるということは、自分のすべてを把握《はあく》されてしまうということですから、隠さなければならないのです。

綏靖天皇の治世《ちせい》で、天皇の血筋を引く者が統治王と祭祀王を分けて受け持っているということはとても重要です。統治王と祭祀王を分けるとはどういうことかというと、政体と国体を分けるということだからです。このことが、後々、大宝律令《たいほうりつりょう》で神祇官《じんぎかん》と太政官《だいじょうかん》を分けることにつながっていきます。

政体と国体の分離は、今の天皇家にとっても重要な意味を持っています。そこをしっかり押さえておかないと、わけのわからない天皇論がはびこることになります。今、『古事記』を学ぶのには、そういう意義もあるのです。

ところで、読者の皆さんは不思議に思わなかったでしょうか。「彦八《ヒコヤ》井命《キノミコト》はどこへ行ったのか?」と。

彦八井命は『古事記』ではちらりと名前が出てくるだけで、当芸志美美命を討つという重要な場面にもまったく登場しません。また、『日本書紀』には存在自体が出てきません。

実は、彦八井命は、本当は神武天皇の息子ではなく、神八井耳命の息子です。そして、彦八井命は、先に述べた多《おお》氏の祖先です。

神八井耳命には、彦八井命のほかに、健磐龍命《タケイワタツノミコト》という次男がいます。健磐龍命の息子が速瓶玉命《ハヤミカタマノミコト》で、阿蘇国造《あそくにのみやつこ》の祖です。

もし欠史八代が実在しないとしたら、綏靖《スイゼイ》天皇はいなかったことになります。そうすると、多氏も阿蘇の国造も存在しなかったという、困ったことになってしまいます。

安寧《アンネイ》天皇

綏靖天皇は葛城《かつらぎ》の高岡宮《たかおかのみや》（奈良県御所《ごせ》市）で天下を治めました。皇后は、師木県主《しきのあがたぬし》の娘、河俣毘売《カワマタビメ》です。二人の間には、師木津日子玉手見《シキツヒコタマテミノ》命《ミコト》という御子が生まれました。この御子が、第三代・安寧天皇です。

「シキツ」というのは、「そこの港を支配する」という意味があり、軍隊を指揮するという意味もあります。安寧天皇は、師木県主、つまり師木津日子の娘を娶《めと》っており、自分の本名もシキツヒコなのです。

師木県主というのは、のちの物部《もののべ》一族に近い系統の人です。

物部一族というのは、大きく言って二つの特徴があります。

ひとつは軍事です。「武士」と書いて「もののふ」と読むのは、物部から来ています。

もうひとつは、財産管理、倉庫です。倉庫というのは物を管理する場所です。「物を管理する」から「物部」です。それを管理するのが石上神宮です。

天皇家と表裏一体となって、軍事と財産管理を行ったのが物部氏です。

安寧という諡は、何も問題が起こらず、揉《も》め事もなく、安泰《たいあん》であったということでつけられました。

揉め事が起こらなかったのは、端的に言って、安寧天皇が一人っ子だったからです。

綏靖天皇が即位する前に、あれだけ兄弟で揉めて危ういことになったのですから、一人っ子だから安寧だったという気持ちはよくわかります。

『古事記』に出てくる天皇の諡《おくりな》をつけたのは奈良時代の漢学者、淡海《おうみの》三船《みふね》で、すべて意味をよく考えてつけています。淡海三船は天智《テンジ》天皇の子孫なので、漢籍だけでなく『帝王日嗣《ていおうひつぎ》』を持っていましたから、それもすべて知った上で諡を考えています。

安寧天皇の治世で祭祀王を務めたのは、岐須美美命《キスミミノミコト》（研耳命）です。『古事記』では当芸志美美命《タギシミミノミコト》の弟ということになっていますが、本当は息子です。このようにひとつひとつ、系図の真実を語っていくと、きりがありません。

安寧天皇は、『古事記』の記述では、河俣毘売の兄の県主《あがたぬし》波延《はえ》の娘、阿久斗比売《アクトヒメ》を娶り、三人の御子に恵まれています。

常根津日子伊呂泥命《トヨネツヒコイロネノミコト》、大倭日子鉏友命《オホヤマトヒコスキトモノミコト》、師木津日子命《シキツヒコノミコト》です。

三人のうち、次男の大倭日子鉏友命が、のちに天皇の位を継ぐことになります。

末弟の師木津日子命は、伊賀、名張、そして三野稲置《みのいなき》氏の祖先になりました。

『帝王日嗣』に基づく私の系図では、安寧天皇の息子として、のちの懿徳《イトク》天皇と師木津日子命のほかに、息石耳命《オキソミミノミコト》という御子を入れています。

「シキツ」には指揮を執《と》るという意味もあるので、師木津日子命は、次の懿徳天皇の代で軍事・防衛を司っています。そして、息石耳命が懿徳天皇の祭祀王となります。

『古事記』によると、師木津日子命には二人の息子がおり、その一人である和知都美命《ワチツミノミコト》には二人の娘がいました。姉娘の名は蝿伊呂泥《ハヘイロネ》、またの名を意富夜麻登久迩阿礼比売命《オホヤマトクニアレヒメノミコト》、妹娘の名は蝿伊呂杼《ハヘイロド》といいました。

この「阿礼比売《アレヒメ》」は歴史を司る世襲名で、とても重要です。今のところは、阿礼比売の名が重要であるということを覚えておいてください。

阿礼比売については、またあとで出てきます。

安寧天皇は、一〇七年に、中国に使者を送った記録が残っています。

懿徳《イトク》天皇

懿徳天皇は、師木《しき》の県主《あがたぬし》の祖先に当たる、賦登麻和訶比売命《フトマワカヒメノミコト》、またの名飯日比売命《イヒヒヒメノミコト》を娶り、御真津日子訶恵志泥命《ミマツヒコカエシネノミコト》と多芸志比古命《タギシヒコノミコト》の二人の御子が生まれています。即位は一二四年です。

懿徳天皇の時代、物部《もののべ》氏的な財産管理を行ったのが、軍事や防衛の担当でもある師木津日子命《シキツヒコノミコト》です。

懿徳天皇の治世では、大規模な農業改革を行いました。その結果、水田耕作のレベルが上がり、米がたくさん取れるようになりました。ですから、財産管理や倉庫がとても重要でした。

懿徳天皇の治世では、「懿徳」という諡《おくりな》の「徳」の字からも、経済的に非常に潤《うるお》って国が豊かになったことがわかります。

しかし、大変豊かになったことで、周辺から狙われてしまうことになります。

神武《ジンム》天皇が天下を平定して以来、懿徳天皇までは、当芸志美美命《タギシミミノミコト》の変を除いては、平和な治世が続いていたのですが、このあと、日本は大乱の時代に突入します。

第四章　倭国大乱《わこくたいらん》

名前に隠された秘密

懿徳《イトク》天皇のあと、孝昭《コウショウ》天皇、孝安《コウアン》天皇、孝霊《コウレイ》天皇、孝元《コウゲン》天皇と、諡《おくりな》に「孝」がつく天皇が四代続きます。

綏靖《スイゼイ》天皇から懿徳天皇までもそうなのですが、孝昭・孝安・孝霊・孝元の四代の天皇についても、『古事記』にはわずかの記述しかありません。少ししか記述がなくて、具体的な事績《じせき》が書かれていないから、欠史八代は実在しなかったなどと言われてしまうわけですが、まず、『古事記』の原文の中から、孝昭天皇のところを見てみましょう。

［孝昭天皇］

御真津日子訶恵志泥命《みまつひこかゑしねのみこと》、葛城《かつらぎ》の掖上宮《わきがみのみや》に坐《いま》して、天《あめ》の下《した》治《し》らしめしき。此《こ》の天皇《すめらみこと》、尾張連《おはりのむらじ》が祖《おや》、奥津余曽《おきつよそ》が妹《いも》、名は余曽多本《よそたほ》毘売命《びめのみこと》に娶《あ》ひて、生《あ》れませる御子《みこ》、天押帯日子命《あめおしたらしひこのみこと》、次に大倭帯日子国押人命《おほやまとたらしひこくにおしひとのみこと》。二柱《ふたはしら》。故弟帯日子国忍人命《かれいろどたらしひこくにおしひとのみこと》は、天の下治らしめしき。兄《いろえ》天押帯日子命は、春日臣《かすがのおみ》、大宅臣《おおやけのおみ》、粟田臣《あはたのおみ》、小野臣《おののおみ》、柿本臣《かきもとのおみ》、壱比韋臣《いちひゐのおみ》、大坂臣《おおさかのおみ》、阿那臣《あなのおみ》、多紀臣《たきのおみ》、羽栗臣《はぐりのおみ》、知多臣《ちたのおみ》、牟耶臣《むざのおみ》、都怒山臣《つのやまのおみ》、伊勢《いせ》の飯高君《いひたかのきみ》、壱師君《いちしのきみ》、近淡海《ちかつあふみ》の国造《くにのみやつこ》が祖《おや》なり。

天皇、御年玖拾参《みとしここのそちあまりみつ》歳。御陵《みささぎ》は掖上《わきがみ》の博多山《はかたやま》の上に在り。

御真津日子訶恵志泥命《ミマツヒコカヱシネノミコト》は、葛城《かずらぎ》の、掖上《わきのかみ》に宮殿をつくって［今の奈良県御所《ごせ》市といわれる］、天下を治めた。

この天皇［孝昭天皇《コウショウ》］が、尾張《おわり》の連《むらじ》の祖先である、奥津余曾《オキツヨソ》の妹、名は余曾多本毘売命《ヨソタホビメノミコト》を妻として、生ませた御子《みこ》は、天押帯日子命《アメオシタラシヒコノミコト》。次に大倭帯日子国押人命《オホヤマトタラシヒコクニオシビトノミコト》。以上二柱《ふたはしら》。

このうち、弟の帯日子国忍人命が、のちに天下を治めた。兄の天押帯日子命は、春日《かすが》の臣《おみ》、大宅《おおやけ》の臣、粟田《あわた》の臣、小野《おの》の臣、柿本《かきもと》の臣、壱日韋《いちひい》の臣、大坂《おおさか》の臣、阿那《あな》の臣、多紀《たき》の臣、羽栗《はぐり》の臣、知多《ちた》の臣、牟邪《むさ》の臣、都怒山《つぬやま》の臣、伊勢《いせ》の飯高《いいだか》の君《きみ》、壱師《いちし》の君、近淡海《ちかつおうみ》の国造《くにのみやつこ》の祖先である。

この天皇は、その年九十三歳。陵《はか》は掖上《わきのかみ》の、博多《はかた》の山の上にある。

確かに、宮殿の場所、皇后と御子の名前、崩御《ほうぎょ》の年や陵の場所以外には書いてありません。とはいえ、孝昭天皇の祭祀王である多芸志比古《タギシヒコノ》命《ミコト》の名前が、孝昭天皇と同様に記述の少ない懿徳天皇のところにしっかり入っていることも特筆せざるを得ませんが。『古事記』は、記述がどんなに簡潔な場合でも、祭祀王の名前だけは必ずしっかりと入れています。

いったい、孝昭天皇から四代の間に、何が起こっていたのでしょうか。西暦で言うと一五〇年頃から二〇〇年頃にかけて、大和は戦争で大変なことになっていたのです。

懿徳天皇の治世に農業改革を行い、米がたくさん取れるようになったことは先に述べました。その富を狙われて、周《まわ》りから攻められたのです。『古事記』の記述が系図に必要な情報だけで終わってしまっているのは、統治どころではなく、戦争中だったからです。

しかも、いきなりボロ負けに負けていることがわかります。

孝昭天皇の二人の息子の名前を見てください。兄が天押帯日子命《アメノオシタラシヒコノミコト》、弟が大倭帯日子国押人命《オホヤマトタラシヒコクニオシヒトノミコト》です。この兄弟は、弟の大倭帯日子国押人命が皇位を継いで孝安天皇となり、兄の天押帯日子命が孝安天皇の軍事長官となって戦っているのですが、「国を押す」、つまり、「勝っている」という意味の名前をつけているのは、負けているときなのです。

第一章で、天照《アマテラス》大《オホ》御《ミ》神《カミ》の夫、正勝《マサカツ》吾《ア》勝勝速日《カツカチハヤヒ》天忍《アメノオシ》穂《ホ》耳命《ミミノミコト》の名前に「勝」という字が三つも入っているのは、実は負けてしまったからだ、という話をしました。

それと同じです。「押す」とか「勝つ」を名前につけているのは、負けているときなのです。負けていることを隠しているときなのです。

口伝で伝わっている孝昭天皇の即位年も忘れずに言っておきましょう。一四〇年です。学術的な議論はあるでしょうが、第七十三世武内宿禰《たけのうちのすくね》としては、口伝で伝えられたことをそのままに示すしかありません。それをどう評価するかは、読者の皆さん次第です。

倭国大乱《わこくたいらん》——瀬戸内の戦い

四代もの間、戦っていた相手は誰でしょうか。

吉備《きび》です。大乱の戦場は吉備、つまり、現在の岡山県あたりです。そこで戦争があったことは、考古学で、瀬戸内地方に大量の高地性集落があったことから明らかです。

西暦一五〇年当時、稲作が盛んに行われていました。稲作のためには、低いところに住むのが普通です。ですから、この時代の主な集落遺跡は、米を作る水田に近い平野や台地にあります。

ところが、高地性集落というのは、見晴らしがよい山の頂上や、頂上に近い斜面といった、稲作を行う日常生活にはどう考えても大変不便な場所にあるのです。山の上などの高い地域の集落だから、高地性集落といいます。

しかも、高地性集落からは、のろしを焚《た》いた跡と推定される焼け土や、石の鏃《やじり》などの武器が見つかっており、西方からの侵入に備えているのが明らかでした。

人々が田んぼの世話や日常生活の便利さを犠牲にして、軍事防衛機能を持つ高地の集落に住んでいたということは、戦争をしていたからです。

吉備には造山《つくりやま》古墳という、日本で四番目に大きな古墳があります。上の三つは、仁徳《ニントク》天皇陵、応神《オウジン》天皇陵、履中《リチュウ》天皇陵で、それらに次ぐ大きさです。当時、吉備がどれだけ国力が強かったかが、このことからもわかります。

吉備を攻めあぐねてボロ負けしていたと思われる孝安《コウアン》天皇について、古事記は次のように記しています。

［孝安天皇］

大倭帯日子国押人命《おおやまとたらしひこくにおしひとのみこと》、葛城《かづらき》の室《むろ》の秋津嶋宮《あきづしまのみや》に坐《いま》して、天《あめ》の下治《したし》らしめしき。此《こ》の天皇《すめらみこと》、姪忍鹿比売命《めひおしかひめのみこと》に娶《あ》ひて、生《あ》れませる御子《みこ》、大吉備諸進命《おおきびのもろすすむのみこと》、次に大倭根子日子賦斗迩命《おおやまとねこひこふとにのみこと》。二柱《ふたはしら》。故《かれ》大倭根子日子賦斗迩命は、天の下治らしめしき。

天皇、御年壱佰弐拾参歳《みとしももちあまりはたちあまりみつ》。御陵《みささぎ》は玉手《たまて》の岡《をか》の上に在り。

大倭帯日子国押人命《オホヤマトタラシヒコクニオシビトノミコト》は、葛城《かずらき》の室《むろ》に、秋津島《あきづしま》の宮《みや》をつくって［今の奈良県御所《ごせ》市といわれる］、そこで天下を治めた。

この天皇［孝安《コウアン》天皇］が、姪《めい》にあたる忍鹿比売命《オシカヒメノミコト》を妻として、生ませた御子《みこ》は、大吉備諸進命《オホキビモロススミノミコト》、次に大倭根子日子賦斗邇命《オホヤマトネコヒコフトニノミコト》。

以上二柱《ふたはしら》。

このうち、大倭根子日子賦斗邇命が、のちに天下を治めた。

この天皇は、その年百二十三歳。陵《はか》は玉手《たまで》の岡の上にある。

『帝王日嗣《ていおうひつぎ》』の口伝によれば、孝安天皇の即位は一五七年です。その治世は、「安」という字とは反対に、吉備との戦いで大乱状態でした。

桃太郎たちの反撃

第六代・孝安《コウアン》天皇の次男の大倭根子日子賦斗邇命《オホヤマトネコヒコフトニノミコト》が、第七代・孝霊《コウレイ》天皇です。孝霊天皇が一七一年に即位すると、兄の大吉備諸進命《オホキビノモロススミノミコト》が軍事長官として弟を助けました。このあたりから、天皇家は吉備と本格的に戦っていることが窺《うかが》えます。もろともに吉備へ進んでいくぞ、という名前ですから。

孝霊天皇について、古事記はこう語ります。

大倭根子日子賦斗迩命《おほやまとねこひこふとにのみこと》、黒田《くろだ》の廬戸宮《いほとのみや》に坐《いま》して、天《あめ》の下治《したし》らしめしき。此の天皇《すめらみこと》、十市《とをち》の県主《あがたぬし》が祖《おや》、大目《おほめ》が女《むすめ》、名は細比売命《ほそひめのみこと》に娶《あ》ひて、生《あ》れませる御子《みこ》、大倭根子日子国玖琉命《おほやまとねこひこくにくるのみこと》。一柱《ひとはしら》。また春日《かすが》の千々速真若比売《ちぢはやまわかひめ》に娶ひて、生みませる御子、千々速比売命《ちぢはやひめのみこと》。一柱。また意富夜麻登玖迩阿礼比売命《おほやまとくにあれひめのみこと》に娶《あ》ひて、生みませる御子、夜麻《やま》登登母々曽毘売命《とともそひめのみこと》、次に日子刺肩別命《ひこさしかたわけのみこと》、次に比古伊佐勢理毘古《ひこいさせりびこの》命《みこと》、またの名は大吉備津日子命《おほきびつひこのみこと》、次に倭飛羽矢若屋比売《やまととびはやわかやひめ》。四柱《よはしら》。また其《そ》の阿礼比売命《あれひめのみこと》の弟《いろど》、蠅伊呂杼《はへいろど》に娶ひて、生みませる御子、日子寤間命《ひこさめまのみこと》、次に若日子建吉備津日子命《わかひこたけきびつひこのみこと》。二柱。此の天皇の御子等《たち》、并《あは》せて八柱《はやしら》。男王五《ひこみこいつはしら》、女王三《ひめみこみはしら》。故《かれ》大倭根子日子国玖琉命は、天の下治らしめしき。大吉備津日子命と若建吉備津日子命《わかたけきびつひこのみこと》、二柱相副《あひたぐ》ひて、針間《はりま》の氷河之前《ひかわのさき》に忌瓮《いわひへ》を居《す》ゑて、針間を道の口と為《し》て、吉備国《きびのくに》を言向《ことむ》け和《やは》しつ。故此の大吉備津日子命は、吉備の上道臣《かみつみちのおみ》が祖《おや》なり。次に若日子建吉備津日子命は、吉備の下道臣《しもつみちのおみ》、笠臣《かさのおみ》が祖。次に日子寤間命は、針間《はりま》の牛鹿臣《うしかのおみ》が祖なり。次に日子刺肩別命は、高志《こし》の利波臣《となみのおみ》、豊国《とよのくに》の国前臣《くにさきのおみ》、五百原君《いほはらのきみ》、角鹿海直《つぬがのあまのあたひ》が祖なり。

天皇、御年《みとし》壱佰陸歳《ももちあまりむつ》。御陵《みささぎ》は片岡《かたをか》の馬坂《うまさか》の上に在り。

大倭根子日子賦斗邇命《オホヤマトネコヒコフトニノミコト》は、黒田《くろだ》に、廬戸《いおど》の宮をつくって［今の奈良県田原本町といわれる］、そこで天下を治めた。この天皇［孝霊《コウレイ》天皇］が、十市《とおち》の県主《あがたぬし》の祖先である大目《オホメ》の娘、名は細比売命《クハシヒメノミコト》を妻として、生ませた御子は、大倭根子日子国玖琉命《オホヤマトネコヒコクニクルノミコト》。また、春日《かすが》の千千速真若比売《チヂハヤマワカヒメ》を妻として、生ませた御子は、千千速比売命《チヂハヤヒメノミコト》。また、意富夜麻登玖邇阿礼比売命《オホヤマトクニアレヒメノミコト》を妻として、生ませた御子は、夜麻登登母母曾毘売命《ヤマトトモモソビメノミコト》。次に日子刺肩別命《ヒコサシカタワケノミコト》。次に日子伊佐佐勢理毘古命《ヒコイサセリビコノミコト》、その別名は大吉備津日子命《オホキビツヒコノミコト》。次に倭飛羽矢若屋比売《ヤマトトビハヤワカヤヒメ》。以上四柱。また、阿礼比売命《アレヒメノミコト》の妹である蝿伊呂杼《ハヘイロド》を妻として、生ませた御子は、日子寤間命《ヒコサメマノミコト》。次に若日子建吉備津日子命《ワカヒコタケキビツヒコノミコト》。以上二柱《ふたはしら》。この天皇の御子たちは、合わせて八柱《やはしら》いた。

このうち、大倭根子日子国玖琉命が、のちに天下を治めた。大吉備津日子命と、若日子建吉備津日子命とは、ともに力を併《あわ》せて、のちの播磨である針間《はりま》の、氷河《ひのかわ》の河原に、神に献上する酒を入れた忌瓮《いわいべ》を据《す》えて、祈願を籠《こ》め、そのうえで針間の国《くに》を足場にして、吉備《きび》の国へと攻め入り、この地を平定した。

この大吉備津日子命は、吉備の上道《かみつみち》の臣《おみ》の祖先である。次に若日子建吉備津日子命は、同じく下道《しもつみち》の臣、笠《かさ》の臣の祖先である。次に日子寤間命は、針間の牛鹿《うじか》の臣の祖先である。次に日子刺肩別命は、高志《こし》の利波《となみ》の臣、豊国《とよくに》の国前《くにさき》の臣、五百原《いおばら》の君、角鹿《つぬが》の海部《あま》の直《あたえ》の祖先である。

この天皇は、その年百六歳。陵《はか》は片岡《かたおか》の馬坂《うまさか》［今の奈良県王寺町といわれる］の上にある。

孝安天皇のところには大吉備諸進命《オホキビモロススミノミコト》という、名前に「吉備」の入っている御子が出てきました。今度は、「吉備津日子《キビツヒコ》」が名前に入っている人が出てきます。それも、一人ではありません。

孝安天皇からここまでのところを、系図にして整理してみましょう。『古事記』以外の情報も入っています。

系図６：キビツヒコたちの系図

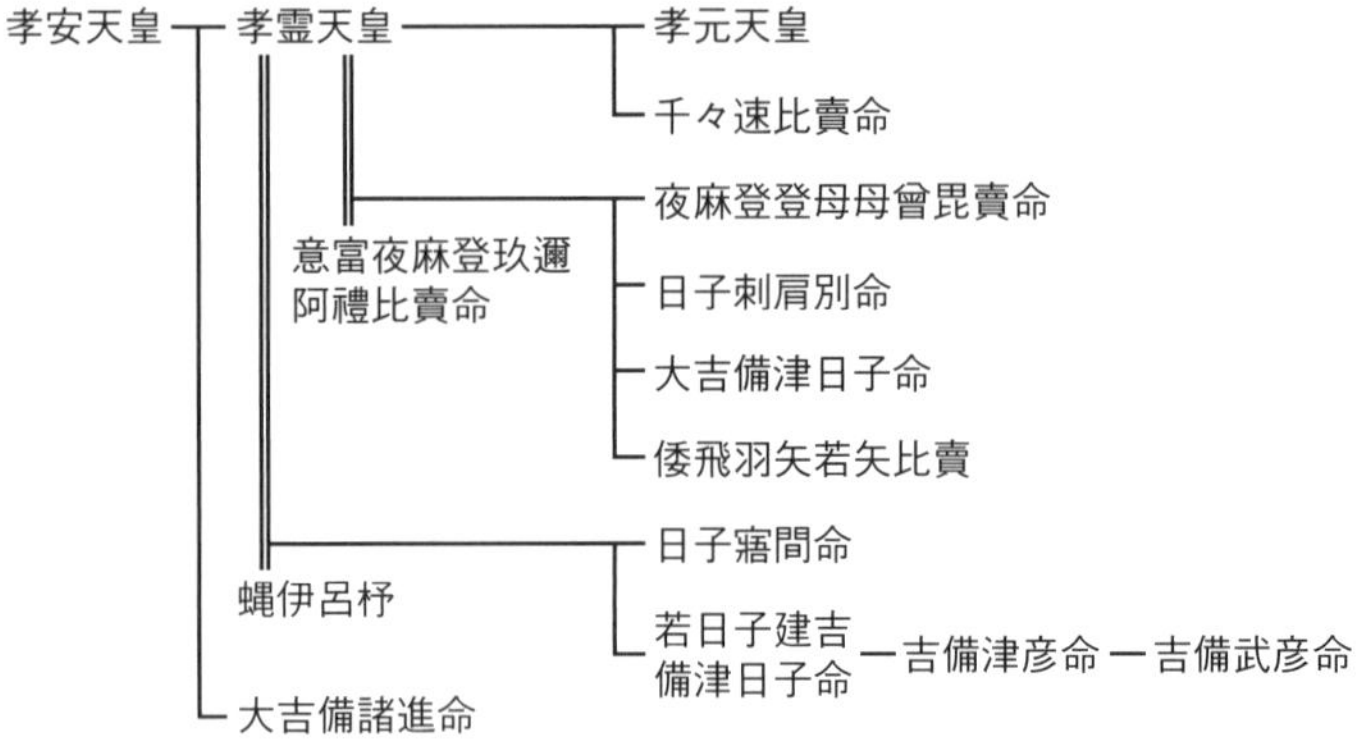

『系圖綱要』より

　まず、孝霊天皇の兄の大吉備諸進命が吉備と本格的に戦った人です。孝霊天皇の御子たちの中には、二人の吉備津日子がいます。一人は、意《オ》富夜麻登玖邇阿礼比売命《ホヤマトクニアレヒメノミコト》との間に生まれた大吉備津日子命《オホキビツヒコノミコト》です。（ここにも阿礼比売命と出ていますよ。）もうひとりは、蠅伊呂杼《ハヘイロド》との間に生まれた、若日子建吉備津日子命《ワカヒコタケキビツヒコノミコト》です。

　これら三人の「キビツヒコ」、大吉備諸進命、大吉備津日子命、若日子建吉備津日子命によって、吉備が平定されることになります。吉備を統一して統治したのは若日子建吉備津日子命で、この人が桃太郎です。そして、他の二人もやはり桃太郎なのです。

　大吉備諸進命が、本格的な吉備への反攻の軍事長官でした。さらに、大吉備津日子命と若日子建吉備津日子命が吉備を攻めて、最終的に平定します。そして、若日子建吉備津日子命の子供も吉備津彦ですから、キビツヒコというのは世襲名であることがわかります。

　ちなみに、若日子建吉備津日子命の娘の伊那毘能大郎女《イナビノオオイラツメ》は、のちに景行《ケイコウ》天皇の皇后となって、小碓命《ヲウスノミコト》、すなわち日本武尊《ヤマトタケルノミコト》を産んでいます。つまり、桃太郎は日本武尊のお祖父さんなのでした。

若日子建吉備津日子命の名前になぜ「若」とついているかというと、大吉備諸進命と一緒に吉備を攻めに行ったからです。二人は親子ではありませんが、ともに戦いました。

吉備の地元を支配していたのは、温羅《うら》という一族でした。三人の桃太郎たちは、犬養氏《いぬかい》(犬)、猿女氏《さるめ》(猿)、鳥取《とっとり》一族(雉)に領地を与える約束をして、温羅と戦います。桃太郎の味方になったサル(猿女氏)が温羅を切ったことで吉備の平定が終わりました。「裏切る」の語源は、騙《だま》して温羅を切ったことから来ています。

『古事記』に書いてあるように吉備が平定されたことは、神社を見ると本当だとわかります。吉備を攻めた側の若日子建吉備津日子命を祀ってある神社が、岡山県にたくさんあるのですから。

勝利の女王

大きな流れで見ると、天皇家と吉備との戦いは、孝霊《コウレイ》天皇の代の大吉《オホキ》備諸進命《ビモロススミノミコト》の反攻のあと、次の孝元《コウゲン》天皇(一八六年即位)の代で勝利したことになります。孝元天皇の大倭根子日子国玖琉命《オホヤマトネコヒコクニクルノミコト》という名前にも、ここでようやく国がまとまったことが現れています。

四番目に大きい古墳を造れるほど強力な吉備になぜ勝てたのか。

その理由は、祭祀王を男性から女性に変えたことにありました。

神武《ジンム》天皇の時代、祭祀王は女性でした。皇后の伊須気余理比売《イスケヨリヒメ》が祭祀王で、神武天皇が統治王という組み合わせでした。

その後は、統治王と祭祀王がともに男性という時代が続き、吉備との戦いでボロ負けしてしまいます。

天下を統一したあと、平穏《へいおん》が続いた神武天皇の時代には、祭祀王が女性だった。このことに気づいて、孝元天皇のときに祭祀王を女性に代えたのです。

その祭祀王こそ、孝霊天皇の娘である夜麻登登母母曾毘売命《ヤマトトモモソヒメノミコト》です。夜麻登登母母曾毘売命の母は、意富夜麻登玖邇阿礼比売命《オホヤマトクニアレヒメノミコト》、つまり、阿礼比売《アレヒメ》です。

阿礼とは歴史と神道を司る役職で、男性も女性もいます。女性の場合は阿礼比売と呼びます。

役職として受け継いでいくのですから、阿礼も阿礼比売も何人もいます。

神武天皇以来の系図で、阿礼の立場を最初に持っていたのは、綏靖《スイゼイ》天皇の兄、神八井耳命《カムヤヰミミノミコト》です。

神八井耳命は綏靖天皇の祭祀王ですから、祭祀王として神道と歴史を司っていました。そして、代々の子孫が多《おお》氏です。だから、多氏である太安万侶《おおのやすまろ》が『古事記』を書く担当になったわけです。

稗田阿礼《ひえだのあれ》は代々の阿礼の一人ですし、懿徳《イトク》天皇の兄である息石耳命《オキソミミノミコト》の娘、天豊津媛命《アマトヨツヒメノミコト》も阿礼比売です。

懿徳天皇は自分の姪に当たる天豊津媛命と結婚し、生まれたのが孝昭《コウショウ》天皇です。

そして、阿礼比売の娘である夜麻登登母母曾毘売命も阿礼比売の役割を世襲しています。

茶道で誰が上座なのか規則があるのと一緒で、統治王と祭祀王とでは、祭祀王のほうが上座につきます。政治の実権を握っているのは統治王ですが、席次《せきじ》としては祭祀王が上になるわけです。

ですから、夜麻登登母母曾毘売命が祭祀王になったということは、大和の王は夜麻登登母母曾毘売命になった、女王になった、ということです。

歴史と神道は一体なので、阿礼比売が祭祀王になったということは、文部大臣兼神道の祭祀王を兼任するようなものです。

そして、女性である祭祀王をトップに戴《いただ》いているということは、この阿礼比売（夜麻登登母母曾毘売命）は、何代目かの天照大御神《アマテラスオホミカミ》でもある、ということになるのです。

女性である夜麻登登母母曾毘売命を祭祀王に戴いたときに、大和は吉備に大侵攻し、そして勝利しました。

それは、女性をトップに据《す》えることによって、全員の目的型組織になったからです。阿礼比売、天照大御神、日の巫女である女性が、目的型組織の頂点で、吉備を倒すことを太陽に祈った。だから勝てたのです。

倭国大乱の時代の締めくくりとして、孝元天皇の系図を確認しておきましょう。

一八六年に即位した孝元天皇は、名前を大倭根子日子国玖琉命といい、

「国玖琉《クニクル》」＝国をくる、というところに、再び国がひとつにまとまったことが読み取れます。

孝元天皇は、軽《かる》の堺原宮《さかいばらのみや》で天下を治めました。長男を大毘古命《オホビコノミコト》といい、大毘古命には建沼河別命《タケヌナカハワケノミコト》という息子がいます。大毘古命と建沼河別命の親子は、のちの崇神《スジン》天皇の時代に、天皇にまだ従わない地方の人々を帰順させるために、それぞれ北陸と東の十二道に派遣され、遠征の途中で、劇的に出逢うことになります。その出逢った地を「会津」といいます。これが会津の語源です。

津とは港のことですが、海だけではなく湖にも港があります。二人が出逢ったのは、猪苗代《いなわしろ》湖でした。

建沼河別命には背立大稲腰命《セタツオホイナコシノミコト》という弟があり、その子が磐鹿六雁《イワカムツカリノ》命《ミコト》という料理の神様です。膳臣《かしわでのおみ》の祖先でもあります。

孝元天皇の息子としては、ほかに、大毘古命の同母弟の少名日子建猪《スクナヒコタケヰ》心命《ゴコロノミコト》がいます。少名日子というのは基本的には「参謀」という意味ですから、少名日子建猪心命は参謀総長の地位にありました。

少名日子建猪心命の異母弟、比古布都押之信命《ヒコフツオシノマコトノミコト》は別名を布都御魂《フツミタマノ》大神《オホカミ》ともいいます。この別名が意味するのは、物部氏の祭祀権を比古布都押之信命が貰い受けたことを意味します。

また、『古事記』には出てきませんが、比古布都押之信命の息子は屋《ヤ》主忍男《ヌシオシオ》武雄《タケオ》心命《ゴコロノミコト》といいます。さらにその息子が、竹内家の祖先、武《タケノ》内《ウチノ》宿禰《スクネ》です。

屋主忍男武雄心命は、「たけおごころ」という名でわかるように、少名日子建猪心命の参謀総長の地位も継いでいます。

つまり、武内宿禰には祭祀権と参謀総長が受け継がれて伝わっています。武内宿禰が『古事記』のもっとあとのほうで、非常に強力な大臣として活躍するのは、そのおかげです。

欠史八代最後の開化《カイカ》天皇は多くの御子に恵まれ、息子の一人、日子《ヒコ》坐王《イマスノミコ》からは、のちに垂仁《スイニン》皇后となる沙本毘売命《サホビメノミコト》が生まれています。

欠史八代は架空であり、実在しないというのが歴史学会の定説になっており、実在説を主張するようなものは怪しいとレッテルを貼られてしまいます。本書に対してもそうでしょう。

しかし、歴史学会は大きな間違いを犯しています。もともと『古事記』自体が口伝を伝えているのですから、書かれた文書だけを重視するのは無理があります。

学問としては文書を重視するのは仕方ありませんが、世の中は、真実と事実と現実が違う世界です。そのような違いは学会では認められないでしょうが、「実際はこうだった」ということが口伝で伝わっていると私は信じていますし、そう信じるほうがいいと思っています。

『古事記』も『帝王日嗣《ていおうひつぎ》』も、歴代の天皇の御子たちが様々な氏族の祖になっていることを伝えています。

歴史学会では、最初の天皇が神武天皇ではなく、崇神天皇だった、応《オウ》神《ジン》天皇だった、あるいは継体《ケイタイ》天皇だったなどと言いますが、そこまでの歴代天皇につながる氏族がたくさんいるのです。

欠史八代の天皇がもし実在しなかったとすると、安寧《アンネイ》天皇の御子を祖とする伊賀・名張・三野稲置《みのいなき》氏や、孝昭天皇の御子を祖とする春日氏や、孝霊天皇の御子を祖とする吉備氏、孝元天皇の孫を祖とする阿倍氏はどうなるのか。

今の日本人は、ほとんどが、どこかで多かれ少なかれ天皇の血を引いています。欠史八代の天皇の実在を否定するとか、継体天皇以前の天皇の実在を否定するということは、それまでの歴代天皇に連《つら》なる多くの日本人の祖先の実在を否定することになってしまいます。

それはあまりにも愚《おろ》かなことではないでしょうか。

私は研究者ではありません。伝承者です。

第五章　日巫女《ヒミコ》とは誰か

日巫女《ヒミコ》とは誰か

古代日本には邪馬台国《やまたいこく》という国があり、そこには日巫女という女王がいた。特に歴史マニアでない人もきっとどこかで聞いたことがある、人気のテーマです。

南《みなみ》して、邪馬《やま》壱（台《と》）国《こく》に至る。女王の都《みやこ》する所なり。水行《すいこう》して十日、陸行《りくこう》して一月《ひとつき》なり。官《かん》には伊支馬《いきま》あり、次は弥馬升《みまし》と曰《い》い、次を弥馬獲支《みまわき》と曰《い》い、次は奴佳鞮《なかて》と曰《い》う。七万余戸可《ばか》りなり。

南に行くと、邪馬台国《やまとこく》に到着する。女王が都を置いている場所である。水上を航行して十日、（さらに）陸上を行って（あるいは「水上を航行するのならば十日、陸上を行くのならば」）一ヶ月かかる。長官には伊支馬《いきま》があり、次は弥馬升《みまし》といい、その次は弥馬獲支《みまわき》といい、その次は奴佳鞮《なかて》という。七万戸余りある。

（『魏志《ぎし》』烏丸鮮卑東夷伝倭人条《うがんせんびとういでんわじんじょう》）

一女子《いちじょし》有りて、名を卑弥呼《ひみこ》と曰《い》う。年長《としちょう》ずるも嫁《か》せず。鬼神《きしん》の道を事《こと》とし、能《よ》く妖《よう》を以《もっ》て衆《しゅう》を惑《まど》わす。是《ここ》に於《お》いて、共《とも》に立てて王と為《な》す。婢《はしため》千人を侍《はべ》らす。見《まみ》ゆること有る者少なく、唯《ただ》男子一人有り、飲食《いんしょく》に給《きゅう》し、辞語《ことば》を居処《きょしょ》に伝《つた》う。宮室《きゅうしつ》・楼観《ろうかん》・城柵《じょうさく》ありて、皆兵《みなつわもの》を持《じ》して守衛《しゅえい》す。法《ほう》・俗《ぞく》は厳峻《げんしゅん》なり。

一人の女子がいて、名を卑弥呼《ひみこ》という。年齢《ねんれい》は高くなっていたが嫁《よめ》にならない。鬼神《きしん》の道に通じていて、よく妖術《ようじゅつ》によって人々を幻惑《げんわく》し（ながら導い）た。（国の主《あるじ》となる人がいなかったので）ここで、一緒に立てて王とした。女性の奴隷《どれい》千人を自分の周《まわ》りに侍《はべ》らせている。面会《めんかい》できる者はほとんどおらず、ただ男子が一人だけいて、飲食《いんしょく》の場に随《したが》い、（外部からの）言葉を取り持って居室《きょしつ》（にいる卑弥呼《ひみこ》）に伝えた。（女王などが住む）宮室《きゅうしつ》や（二階建て以上の）物見櫓《ものみやぐら》・（土塁《どるい》・垣《かき》や柵《さく》による）城柵《じょうさく》があって、みんな兵器《へいき》を携《たずさ》えて守衛《しゅえい》に当たっている。法や習俗《しゅうぞく》は、（決まり通りに）厳格《げんかく》に施行《しこう》されている。

（『後漢書《ごかんじょ》』東夷列伝倭条《とういれつでんわじょう》）


日巫女とはいつの時代の誰なのか。邪馬台国はどこにあったのか。これまでに様々な説が唱《とな》えられてきましたが、決め手になる手がかりがなく、結論は出ていませんでした。

この章では、『帝王日嗣《ていおうひつぎ》』の口伝に基《もと》づいてこれらの問いに答えましょう。

第四章で、夜麻登登母母曾毘売命《ヤマトトモモソヒメノミコト》〈通称・百襲姫命《モモソヒメノミコト》〉が孝元《コウゲン》天皇の祭祀王となり、四代にわたって続いた倭国大乱《わこくたいらん》を勝利に導いたことをお話ししました。夜麻登登母母曾毘売命は日の巫女でもあり、歴史と神道を司る阿礼比売《アレヒメ》でもあります。

孝元天皇の時代に吉備《きび》に勝てたのは、夜麻登登母母曾毘売命を女性祭祀王とし、女性をトップにすることで全員がまとまることができたからです。

神武《ジンム》天皇のとき、祭祀王は伊須気余理比売命《イスケヨリヒメノミコト》という女子でした。

その後、男性が歴代の祭祀王を務めるようになり、そして、孝昭《コウショウ》、孝安《コウアン》、孝霊《コウレイ》、孝元と、諡《おくりな》に「孝」がつく四代の天皇の間、倭国大乱という戦争状態になったわけです。

ようやく、祭祀王として女子を立てなければダメだと気がつき、夜麻登登母母曾毘売命を祭祀王に立てました。

こうしてようやく国がまとまり、孝元天皇の次の代で開化《カイカ》天皇になったのです。「開化」という諡は、「孝」四代の戦乱を片付けて、「開化」で新しい時代が来るということを意味しています。

この夜麻登登母母曾毘売命こそ、邪馬台国の日巫女です。

『帝王日嗣』に基づくと、孝元天皇の即位は一八六年です。

夜麻登登母母曾毘売命こと日巫女は、孝元天皇の妹です。

日巫女が孝元天皇の治世で祭祀王となったのは、まだ少女のときでした。日巫女は、開化天皇と崇神《スジン》天皇の代になっても、そのまま祭祀王を務めています。

『魏志倭人伝《ぎしわじんでん》』(『魏志』烏丸鮮卑東夷列伝倭人条)には、景初二年(景初三年ともいう)に、日巫女に親魏倭王《しんぎわおう》の称号を与えたという記述があります。これは、西暦二三八年あるいは二三九年に当たります。『帝王日嗣』では崇神天皇の即位は二二〇年、その次の垂仁《スイニン》天皇即位が二五四年なので、日巫女が親魏倭王の称号を得たのは崇神天皇の時代ということになります。

景初《けいしょ》二年六月、倭《わ》の女王、大夫難升米等《たいふなしめら》を遣わして郡《ぐん》に詣《いた》り、天《てん》子《し》に詣《いた》りて朝献《ちょうけん》せんことを求む。太守劉夏《たいしゅりゅうか》、吏《り》を遣わし、将《ともな》い送りて京都《けいと》に詣《いた》らしむ。

其の年十二月、詔書《しょうしょ》して倭《わ》の女王に報《こた》えて曰《い》う、

「親魏倭王卑弥呼《しんぎわおうひみこ》に制詔《せいしょう》す。帯方《たいほう》の太守劉夏《たいしゅりゅうか》、使《つかい》を遣わし汝《なんじ》の大《たい》夫難升米《ふなしめ》・次使都市牛利《じしとしごり》を送り、汝献《なんじけん》ずる所の男生口《おとこのせいこう》四人・女《おんな》生口《せいこう》六人・班布《はんぷ》二匹《ひき》二丈《じょう》を奉《ほう》じて以《もっ》て到れり。汝《なんじ》が在《あ》る所は踰《はる》かに遠《とお》かりしも、乃《すなわ》ち使《つかい》を遣わして貢献《こうけん》す。是《こ》れ汝《なんじ》の忠孝《ちゅうこう》なり。我《われ》甚《はなは》だ汝《なんじ》を哀《あわ》れむ。今、汝《なんじ》を以《もっ》て親魏倭王《しんぎわおう》と為《な》し、金印紫綬《きんいんしじゅ》を仮《あた》え、装封《そうふう》して帯方《たいほう》の太守《たいしゅ》に付《ふ》して仮授《かじゅ》す。（略）」

景初《けいしょ》二年（二三八。景初《けいしょ》三年ともいう）六月、倭《わ》の女王（卑弥呼《ひみこ》）は、大夫《たいふ》の難升米《なしめ》らを帯方郡《たいほうぐん》に遣わし、魏《ぎ》の天子《てんし》（明帝《めいてい》。景初《けいしょ》三年ならば斉王芳《せいおうほう》になる。以下同じ）のもとに赴《おもむ》いてじかに朝貢《ちょうこう》することを求めた。帯方郡《たいほうぐん》の太守《たいしゅ》劉夏《りゅうか》は、役人を派遣して、倭人《わじん》の一行《いっこう》をともない送って（天子のいる首都《しゅと》である）洛陽《らくよう》に到着させた。

その年の十二月に、魏《ぎ》の明帝《めいてい》は詔書《しょうしょ》で倭《わ》の女王（卑弥呼《ひみこ》）に返事して、

「親魏倭王《しんぎわおう》の卑弥呼《ひみこ》に、（制《せい》の形式で）詔《みことのり》する。帯方郡《たいほうぐん》の太守《たいしゅ》である劉夏《りゅうか》は使者を派遣してお前の国の大夫《たいふ》である難升米《なしめ》と副使《ふくし》の都市牛利《としごり》を送り届けて、お前が献上《けんじょう》した男性奴隷《どれい》四人・女性奴隷《どれい》六人・（吉貝という樹木《じゅもく》から採《と》った植物繊維を材料にして）種々の色に染められた織物二匹《ひき》二丈《じょう》（二十四メートル）を奉じて到着した。お前がいる所は（中国に）はるかに遠いのだが、使者を遣わして朝貢《ちょうこう》・献上《けんじょう》してきた。これはお前の忠誠心《ちゅうせいしん》の表れである。私はとてもお前をいとおしく思う。今、お前を親魏倭王《しんぎわおう》に任命し、紫の組《くみ》

紐《ひも》をつけた金印《きんいん》を用いることを許可するので、包装《ほうそう》し封印《ふういん》して帯方《たいほう》郡《ぐん》の太守《たいしゅ》に託して授与《じゅよ》する」

そして、『魏志倭人伝』には、崇神天皇と垂仁天皇の名前が出てきます。この章の冒頭で引用した部分にある、伊支馬《いきま》と弥馬升《みまし》です。伊支馬は「イクメ」、垂仁天皇の本名である、伊久米伊理毘古《イクメイリヒコ》の「イクメ」です。また、弥馬升は「ミマキ」、崇神天皇の本名の、御真木入日子《ミマキイリヒコ》の「ミマキ」です。

『魏志倭人伝』では、女王卑弥呼の側近として伊久米と御真木がいると言っています。伊久米を長官、御真木を次官としているのは、『魏志倭人伝』の著者が勘違いしたのでしょう。

御真木、すなわち崇神天皇は統治王です。席次としては祭祀王のほうが上になるので、『魏志倭人伝』の著者は、それを見て、統治王である崇神天皇（御真木）を「側近」として描いたのでしょう。

また、同じ引用部分に出て来る弥馬獲支は、原文では「みまわき」とルビを振っていますが、本当はミマカキと読みます。

景行《ケイコウ》天皇であった可能性が高いです。奴佳鞮はヌカテで、料理長のことです。

祭祀王壱与《トヨ》

『魏志倭人伝《ぎしわじんでん》』によると、日巫子《ヒミコ》が亡くなったあと、男王が立って国が乱れ、その後再び女王を立てて国が治まったとあります。

卑弥呼《ひみこ》以《すで》に死《し》し、大いなる冢《つか》を作ること径《けい》百余歩なり。徇葬《じゅんそう》する者は、奴婢《ぬひ》百余人とす。

更《あらた》めて男王を立つるも、国中服《くにじゅうふく》さず。更に相誅殺《あいちゅうさつ》して、当時《とうじ》千余人を殺す。復《また》、卑弥呼《ひみこ》の宗女《そうじょ》の壱与年十三《いよとし》なるを立てて王と為《な》し、国中遂《くにじゅうつい》に定《さだ》まれり。政等《せいら》、檄《げき》を以《もっ》て壱与《いよ》に告喩《こくゆ》す。壱与《いよ》、倭《わ》の大《たい》夫率善中郎将掖邪狗《ふそつぜんちゅうろうしょうややくら》等二十人を遣わし、政等《せいら》を送り還《かえ》らしむ。因《よ》りて台《たい》に詣《いた》り、男女生口《だんじょせいこう》三十人を献上《けんじょう》し、白珠《しらたま》五千孔《こう》・青大句珠《あおのおおまがたま》二枚・異文雑錦《いもんざつきん》二十匹《ひき》を貢《こう》ず。

卑弥呼《ひみこ》は死んでしまい、大規模《だいきぼ》に直径《ちょっけい》で百歩（一尺が三十四・三センチならば、六尺で一歩として一四五・八メートル）余りの墳《ふん》墓《ぼ》を作った。一緒に葬《ほうむ》られた者は、奴婢《ぬひ》が百人余りである。

あらためて男王《だんおう》を立てたが、（その王には）国中が服従しない。また互いに殺戮《さつりく》を繰り返して、その時だけで千人余りが殺された。そこでまた卑弥呼《ひみこ》の一族の女《むすめ》で壱与《いよ》という十三歳の女子を立てて王とすると、国中《くにじゅう》はやっと安定した。張政《ちょうせい》らは、檄文《げきぶん》で壱与《いよ》に（統《とう》治《ち》を安定させて、魏《ぎ》に益《えき》するよう）諭《さと》した。壱与《いよ》は、倭《わ》の大夫《たいふ》の率《そつ》善中郎将《ぜんちゅうろうしょう》の掖邪狗《ややく》ら二十人を遣わして、張政《ちょうせい》らを帯方郡《たいほうぐん》に送って帰還《きかん》させた。（帯方郡《たいほうぐん》まで送っていったので）そのついでに思い立って洛陽《らくよう》の官庁《かんちょう》に行き、男女の奴隷《どれい》三十人を献上《けんじょう》して、孔《あな》を開けた白い珠五千個、青い大勾玉《おおまがたま》二個、珍しい文様《もんよう》のさまざまな彩《いろど》りの錦《にしき》二十匹《ひき》を貢納《こうのう》した。

男王を立てて国が乱れたあとで、王として立てられた壱与は、引用文では「イヨ」ですが、「トヨ」とも読みます。そして、この「トヨ」は、崇神《スジン》天皇の娘、豊鉏入日売命《トヨスキイリヒメノミコト》です。

ちなみに、白玉は真珠、青い大勾玉はおそらく翡翠《ひすい》でしょう。織物の技術が高かったこともわかります。日本は豊かな国でした。

男王は誰だったのか

日巫女《ヒミコ》が誰かを解明するための重要なポイントは、これまでにも何度か話してきた、祭祀王と統治王の区別、国体と政体の区別です。

日巫女が祭祀王として立ち、倭国大乱が収まったあと、男王になって国が乱れ、再び壱与《トヨ》が王になると収まった。これはつまり、祭祀王の系《けい》譜《ふ》なのです。

十三歳の少女が王として立つというのですから、巫女としての役割であることは明らかです。日巫女と壱与が祭祀王なのですから、その間に立った男王も、当然、祭祀王です。

繰り返しになりますが、日本のトップは祭祀王です。統治王ではありません。これまでの邪馬台国研究で、日巫女が誰なのかわからなかったのは、男王を正しく比定《ひてい》しようとしていなかったからです。男王が正しく比定できなかったのは、統治王ばかり見ていたからです。

日巫女の代わりに立った男王とは、男性の祭祀王のことです。男王は、統治王である天皇を指していません。

では、それは誰でしょうか。

この章の最初のほうで引用した『後漢書東夷伝《ごかんじょとういでん》』（『後漢書《ごかんじょ》』東夷列伝《とういれつでん》倭条《わじょう》）は、日巫女にはめったに誰も面会できず、日巫女と飲食をともにしたり、他の人たちとの取次をする男子が一人だけいたと述べていました。

巫女である日巫女と面会することができ、明らかに日巫女を補佐していた男子とは誰なのか、そして、日巫女のあとを継いで祭祀王になれる男子は誰なのかを、系図で見てみましょう。

私は、比古布都押之《ヒコフツオシノ》信《マコトノ》命《ミコト》（彦太忍信命。母物部《もののべ》氏遠祖女伊香色謎《イカガシコメノ》命《ミコト》）について、第四章で、別名を布都《フツノ》御《ミ》魂《タマノ》大神《オオカミ》ともいうと書きました。この別名が物部氏の祭祀権を比古布都押之信命が貰い受けたことを意味しているとも書きました。

系図７：
日巫女から壱与へ

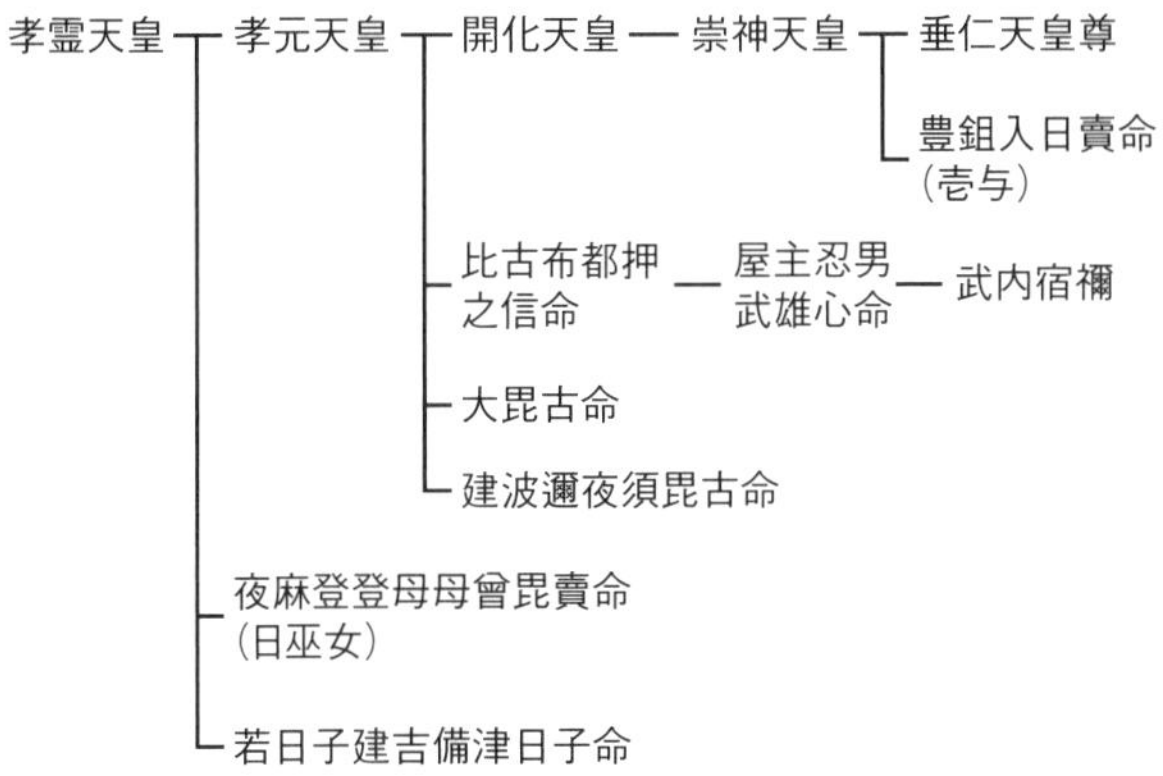

布都御魂大神の別名を持っているということは、比古布都押之信命が布都御魂大神を降ろすことができるということです。

つまり、天照大御神《アマテラスオホミカミ》を降ろすことができる日巫女が現人神《あらひとがみ》であるのと同じように、布都御魂大神を降ろすことができる比古布都押之信命も現人神です。

常に日巫女の側《そば》近くにいるほど親しい男子で、祭祀王になれるのは、比古布都押之信命と見て間違いありません。

難升米《なしめ》とは

ここで、『魏志倭人伝』のあちこちに出てくる難升米という人物についても語っておきましょう。

『魏志倭人伝』は、御真木《ミマキ》と伊久米《イクメ》については意外と具体的で正確なのですが、難升米が誰なのかは明らかにされてはいません。

難升米が本名なのかどうかもわかりません。でも、考える手がかりはあります。

『魏志倭人伝』は、「古自《いにしえよ》り以来《このかた》、其《そ》の使《つかい》は中国に詣《いた》りて、皆《みな》、自《みずか》ら大夫《たいふ》と称《しょう》す」「古くからずっと、倭国《わこく》の使者は中国にやって来て、みんな（呉《ご》の太伯《たいはく》の後裔《こうえい》と自任《じにん》しているので）大夫《たいふ》（大臣）だと自称《じしょう》している」と述べています。そして、「景初《けいしょ》二年六月、倭《わ》の女王、大夫難升米《たいふなしめ》等を遣わして郡《ぐん》に詣《いた》り」というのですから、難升米は自ら大夫と名乗っているはずです。

夜麻登登母母曾毘売命《ヤマトトモモソヒメノミコト》が日巫女であれば、この時期に自ら大夫を名乗れる人間には限りがあります。

大毘古命《オホビコノミコト》は軍事司令官で、孝元《コウゲン》天皇の息子の建波邇夜須毘古命《タケハニヤスヒコノミコト》が反乱を起こしていますから、候補として考えられるのは、屋主忍男武雄《ヤヌシオシヲタケオ》心命《ゴコロノミコト》しかいません。

屋主忍男武雄心命の父は比古布都押之信命で、その比古布都押之信命の母は物部一族の出です。物部は軍事の家柄であり、比古布都押之信命は男王でした。

軍事の家柄であり、男王の息子であることを含めて、大夫が屋主忍男武雄心命であった可能性が一番高いです。

ここでついでに一言《ひとこと》、屋主忍男武雄心命について付け加えておきます。茨城の竹内文書では、屋主忍男武雄心命のことをキリストと結びつけて語っているらしいですが、屋主忍男武雄心命の父親の比古布都押之信命が祭祀王であることから生じた誤解ではないかと思います。屋主忍男武雄心命はおそらく短命であったと思われます。

そもそも古墳時代の話はイエス・キリストと関係があるはずがないのです。茨城竹内文書は四〇〇年ずれています。

正統竹内文書は年代は合っております。

そのために公開したのであります。

邪馬台国はどこにあったか

これまでに邪馬台国の場所については、主に畿内大和説と九州北部説の二つのほか、四国説や東遷《とうせん》説など諸説あって、長年にわたって多くの人々が議論してきました。

『魏志倭人伝《ぎしわじんでん》』の「水行《すいこう》して十日、陸行《りくこう》して一月《ひとつき》なり」の解釈という基本的なところでも、「船で十日行ってから陸を一月」なのか、「船なら十日、陸なら一月」なのか、というところから議論が分かれています。

しかし、私はここで口伝に基づいて答えましょう。

基本的には夜麻登登母母曾毘売命《ヤマトトモモソヒメノミコト》が日巫女《ヒミコ》で、豊鉏入日売命《トヨスキイリヒメノミコト》が壱与《トヨ》なのは間違いありません。

ということは、少なくとも豊鉏入日売が祭祀王のときは、邪馬台国は間違いなく奈良にあったことになります。

もっと具体的に言うと、檜原神社《ひばらじんじゃ》が神殿です。その下の纏向《まきむく》が邪馬台国です。祭祀王である壱与を戴き、奈良に神殿を置いて、十一代垂仁《スイニン》天皇の代に移るという流れです。

ここで、邪馬台国は大和の国であるというのは正しいのです。しかし、大和の国が何を意味するかが問題です。

大和の国というと、私たちは奈良県をイメージしますが、そうではなく、主権を持つ国家が邪馬台国、つまり、大和の国なのです。その首都は飛鳥《あすか》という名前になります。大和の国があれば、そこには飛鳥という都が常にあるのです。

壱与が祭祀王のときには、飛鳥は、纏向のあたりにありました。奈良

檜原《ひばら》神社　三つ鳥居と豊鍬《とよすき》入姫宮《いりひめのみや》

県だけではなく、畿内全体が邪馬台国でした。

　しかし、邪馬台国は元々九州にありました。九州にあった邪馬台国が移動して、近畿に移ったのです。

　神武《ジンム》天皇のとき、最初は九州の日向《ひむか》に国がありました。そのあと、九州から東征して畿内に行っています。これが神武東征です。九州から大和に都が移ったことになります。

　安寧《アンネイ》天皇まではよかったのですが、懿徳《イトク》天皇のときに農業が盛んになり、米もたくさん取れたため、周りの国々から狙われるようになり、戦乱が起きて九州に逃げたのです。

　第四章で述べたように、これが、諡《おくりな》に「孝」のつく四代の天皇の時代、倭国大乱の時代です。中国の史書『後漢書』東夷列伝倭条には、「桓霊《かんれい》の間」と呼ばれる期間、つまり、桓帝《かんてい》と霊帝《れいてい》の統治した一四七年から一八九年の間、倭国が大変乱れていて、何年も国の主となる王を立てられなかったとあります。

　孝霊《コウレイ》天皇のとき、ようやく大吉備諸進命《オオキビモロススムノミコト》が東に向かって吉備への反撃を始め、その次の孝元《コウゲン》天皇の時代には三人の「吉備津日子《キビツヒコ》」、つまり、大吉備諸進命《オオキビモロススムノミコト》、大吉備津日子命《オオキビツヒコノミコト》、若日子建吉備津日子命《ワカヒコタケキビツヒコノミコト》が戦って吉備を倒します。そして、九州から畿内に都が戻ったのです。

つまり、東征は、神武天皇の東征と、倭国大乱のあとの吉備平定の東征の二回、行われています。開化《カイカ》天皇のときには、もう大和に戻って落ち着いている状態になりました。

孝元天皇の本名を国玖琉命《クニクルノミコト》といいます。つまり、九州からもう一回国引きをしているのです。孝元天皇のときに大和を奪還して回復したから、このような名前で記録されているわけです。

『古事記』では、孝昭《コウショウ》、孝安《コウアン》、孝霊、孝元の四代の天皇のすべての事績が奈良の橿原《かしはら》周辺で起きたことになっていますが、本当は違います。孝元天皇の代の初めには、まだ九州にいました。大和を完全に回復して落ち着いたのは、開化天皇の代です。

日巫女は孝元天皇とともに国を治めた祭祀王ですから、最初は九州にいました。

吉備津日子たちは、東に向かって攻め上って行き、吉備津日子たちの勝利とともに、日巫女も九州から大和へ移動して行きました。

ですから、日巫女は大和で亡くなっています。奈良県桜《さくら》井《い》市にある箸墓《はしはか》古墳が夜麻登登母母曾毘売命、つまり日巫女のお墓です。

九州から途中を制圧しつつ畿内に移動したのですから、大和は広大な範囲になります。当然、開化天皇のときには、関西一帯、西日本全部が大和の国になっていました。

邪馬台国が九州から畿内に移動していて、西日本全部が大和の国なのですから、『魏志倭人伝』にある、地理的情報を読み込んでも意味がありません。

そもそも、『魏志倭人伝』を書いた人は、自分が日本に来たわけではありません。行ったことのある人からの伝聞《でんぶん》で書いています。本当に本文のとおりに「其《そ》の道里《どうり》を計《はか》るに、当《まさ》に会稽《かいけい》・東冶《とうや》の東に在《あ》るべし」ということだったとすると、邪馬台国の位置は海の沖合になってしまいます。生活や文化については（不正確さや嘘もあるものの）ある程度リアルなのですが、行程のように正確さが必要な部分は当てになりません。

箸墓《はしはか》古墳

日巫女《ヒミコ》の暮らし

日巫女が着ているものは絹でした。当時の色のことはよくわかりませんが、朱の色は好きだったようです。白と朱。今も巫女が身に付ける装束としてよく見られる色の組み合わせは日巫女の時代からだったのでしょうか。装身具は翡翠《ひすい》の勾玉《まがたま》でした。

食物は野菜に、栗やドングリ、そして魚介類を食べていたようです。神明造《しんめいづくり》の住居に暮らし、室内は簡素でしたが、鏡が置かれていました。

統治王である孝元《コウゲン》天皇と日巫女の間を比古布都押之《ヒコフツオシノ》信命《マコトノミコト》だけが話を取り次ぎ、日巫女には他の誰も会えませんでした。

天皇にも神が降りているのですが、日巫女も神の巫女として天照大《アマテラスオホ》御神《ミカミ》を降ろす現人神《あらひとがみ》なので、その間をつなぐ人間が必要でした。

その役割を果たしたのが比古布都押之信命です。

比古布都押之信命は布都御魂大神《フツミタマノオオカミ》であり、神の資格を持っているので、天皇と日巫女の両方の話が聞くことができたのです。

比古布都押之信命の名前は彦太忍信命とも書き、秘密を守る男を意味し、その役割を表すものです。

日巫女は比古布都押之信命に会っているとき以外は、巫女の務めをしていました。世間的なイメージでは日巫女は女王なので、今の女王のイメージで、優雅な暮らしをして、美味《おい》しいものを食べ、豪華なお城に住んで、と思いがちですが、そうではありません。贅沢《ぜいたく》とは無縁の、神に仕える生活でした。

宮中三殿に仕える内掌典《ないしょうてん》のような暮らし方です。内掌典の一日は、朝早く起きて神殿を清めるところから始まり、日常生活では清いと穢《きたな》いの区別が厳しく、一瞬も気を抜かずに清さを保たねばならない、そうした暮らしです。

なぜ『古事記』と『日本書紀』に邪馬台国のことが書かれていないのか

『古事記』も『日本書紀』も邪馬台国のことを一言も書いていません。同じ時代にあったはずの国のことなのに、なぜ一言も書いていないのか、それを問題にしていないこと自体が問題です。

実際に筆を執《と》って『古事記』と『日本書紀』を書いたのは中臣大嶋《なかとみのおおしま》と平群子首《へぐりのこびと》ですが、この二冊の歴史書の編纂《へんさん》をグランドデザインした、時の最高権力者が藤原不比等《ふじわらのふひと》です。

藤原不比等は『魏志倭人伝』を知らなかったのでしょうか。

絶対にそんなはずはありません。知っていたに決まっています。

知っていたのに、なぜ『古事記』『日本書紀』に入れなかったのか。

これが一番のポイントです。

なぜ入れなかったのかといえば、もちろん、隠したかったからです。

だから、『魏志倭人伝』のことを『古事記』にも『日本書紀』にも一行も記載していないのです。

しかも、藤原不比等はわざと嘘をついてミスリードしています。

『古事記』はとてもうまく嘘をついています。

『古事記』には、兄弟喧嘩、殺し合いなど、結構リアルなことを書いてあります。つまり、これは実話であり、解読していくと日本の実際の姿が見えてくるものなのです。

ところが、『古事記』には大きく分けて三つの嘘があります。人間

（系図）の嘘、空間の嘘、そして時間の嘘です。

『古事記』が系図の中に秘密を隠していることは、第一章で見てきました。天照大御神《アマテラスオホミカミ》から縦に、天忍穂耳尊《アメノオシホミミノミコト》、瓊瓊杵尊《ニニギノミコト》、彦火火出見尊《ヒコホホデミノミコト》、鵜草葺不合尊《ウガヤフキアヘズノミコト》とつながっているように『古事記』には書いてありますが、本当は天忍穂耳尊は天照大御神の夫で、他の三人は息子であることを隠しています。

空間の嘘は、倭国大乱の時代についての記述です。『古事記』にはすべてが奈良で起きたように書いてありますが、孝昭《コウショウ》天皇、孝安《コウアン》天皇、孝霊《コウレイ》天皇、孝元《コウゲン》天皇は、本当は九州に逃げていました。

そして、時間の嘘は、出来事自体は書くのですが、それがいつ起きたことなのかをずらして書くことです。

『古事記』がわざと時代をずらして書いていることは、須佐之男命《スサノヲノミコト》と大国主命《オオクニヌシノミコト》の系図の書き方を見ればわかります。大国主命は須佐之男命の娘と結婚しているのに、系図の上では、須佐之男命の六代孫とか八代孫と書かれています。

本当にそうだったら、大国主命が須佐之男命の娘と結婚できるわけがありません。

藤原不比等は、自分も阿礼《アレ》なので、全部知っていたはずです。名前も不比等（史）ですし、阿礼の地位も持っていますから、すべての歴史の真実を知っていてやったことです。

空間は九州から畿内に移動し、時間はわざとずらしたのです。

藤原不比等は巧みにミスリードしています。時代をずらし、遠回しに日巫女《ヒミコ》を神功皇后《ジングウ》に比定しています。

そして、そのときに実権を握っていた人間として、武内宿禰《タケノウチノスクネ》を比定しています。

しかし、これでは年代がずれています。日巫女は神功皇后よりもっと前です。

本当のことを言うと、神功皇后も歴代の日巫女の一人ではあるのです。日巫女は何代もいるのですから。

しかし、二三九年（魏の皇帝が日巫女に親魏倭王の号を与えた年）の日巫女は神功皇后ではなく、夜麻登登母母曾毘売命《ヤマトトモモソヒメノミコト》です。

そして、『隋書』東夷伝倭国条では、弟の王が政治を執っていたとなっています。『魏志倭人伝』には「弟」の文字は見えませんが、巫女に近づける男性といったら、兄や弟のような肉親であるのが自然です。

日巫女のあと、弟が祭祀王となって国が乱れました。だから壱与《トヨ》が祭祀王になって国を鎮《しず》めたのです。

日巫女も壱与も祭祀王ですから、『魏志倭人伝』が書いている途中の男王も、統治王ではなくて、祭祀王という意味なのです。男が祭祀王になったからダメだったのです。

日巫女の代わりに祭祀王になった比古布都押之《ヒコフツオシノ》信命《マコトノミコト》は、彦太忍信命とも書きます。彦太忍信命とは、「真実を忍ぶ」という名前です。祭祀王がヒメミコ（姫御子）ではなく、男子がなったからダメだったのでした。でも、本当のことを忍ばないといけなかったから、そういう名前になったのです。

比古布都押之信命は武内宿禰の祖父です。だから、私はこのことを知っているのです。学者が全然取り上げていないのに、なぜ知っているかというと、竹内家に伝わる『帝王《ていおう》日嗣《ひつぎ》』の口伝を聞いているからです。

藤原不比等が情報を隠していたのは、中国に対する警戒もあったでしょう。

時間をずらすことによって、中国人に対して、歴代天皇が長生きで、武内宿禰に至っては三〇〇歳生きたことにしています。

中国の皇帝が求めているのは長命です。だからわざと、「日本は大臣になったら三〇〇歳生きるんだ」ぐらいのことを書いています。

しかし、いくらなんでも三〇〇歳は無理です。実際には、第一世武内宿禰は二人いました。

本名は、波留《はる》と波知《はち》といいます。波留は、もう一説には波流とも表記します。

波留も波知も、要するに、どちらも海流を見る力があり、海を操《あやつ》ることができたことを意味する名前です。神功皇后と一緒に、実際に朝鮮まで進撃しているのですから、海に詳《くわ》しいに決まっています。

漢字表記が波留か波流かは、竹内家の長老たちによって違っています。口伝を伝える家はひとつではないので、このように口伝が一致しないこともあります。

古代日本は強かった

当時の日本が中国を警戒するのは当然ですが、だからといって、あまりに中国を過大評価するのも間違いです。

中国はよく大きい国だったと思われていますが、それは勘違いにすぎません。地図上で見れば日本より広いのは確かですが、人口は意外に少ないのです。

洛陽の人口と日本の人口は変わりません。日本のほうが魚介類が豊富なので、実は中国よりも人口が多かった可能性があるのです。

朝鮮は寒く、その北方の中国となるともっと寒いのですから、食料はあまり得られません。日本のほうが豊かでした。

実際、江戸時代にも、世界で一番人口が多かったのは江戸です。二番目がバグダッドです。中国は大きいから強いとみんな誤解していますが、人口はそれほど多くありませんでした。

今のように中国の人口が増えてきたのは、清朝の頃からです。清朝を立てた満洲人が中国を取ってから人口が大きくなったのであって、それまでは戦国時代でバラバラです。民族もバラバラです。

そして、今もそれは同じです。

一方、日本は、民族が違っても統一言語に近いような言語がありました。沖縄の言葉「めんそーれ」は「まいりそうらへ」ですから、日本の古文です。アイヌの言葉は少し違うけれど、通じます。

そこへ行くと、中国の言葉は、村が違うだけで全然通じないことも多いのです。

言葉といえば、『万葉集』は古代朝鮮語を知らないと理解できない、という説があります。古代の日本語は、実は古代朝鮮語だったと言いたいのでしょう。

しかしこれは違います。古代朝鮮語というのは、実は日本語なのです。古代の日本語が古代朝鮮語だったのではなく、日本語が元です。古代日本と朝鮮の使節は、通訳なしで話が通じました。

高句麗・任那・百済とは日本語で話していました。なぜなら、神功《ジングウ》皇后・武内宿禰《タケノウチノスクネ》の三韓征伐により、朝鮮は日本の領土となっていたからです。

中国とは言葉が違うので通訳が必要でしたが、朝鮮との間には必要ありませんでした。

朝鮮から亡命してきた人たちが、高麗《こま》神社など、日本で神社の神主さんになっているくらいですから、日本語でしゃべっていたのです。元々朝鮮は日本領だったのですから、祖国に戻ってきただけです。

軍事力でも、日本は決して弱くありませんでした。当時は、陸続きの中国が朝鮮を支配できず、海を越えていった日本が朝鮮を支配していたのですから。

『魏志倭人伝《ぎしわじんでん》』の全文をこの章の最後に入れておきますので、短いものですからぜひ通してお読みいただきたいと思いますが、中国は日本を下に見るために書いているということを、まず理解するべきなのです。

日本が奴隷を献上したようなことを書いていますが、そうではなく、部下を連れて行ったのです。中国は、アヘン戦争で負けても、英国大使が来れば「降伏に来た」と書くのですから、鵜呑《うの》みにしてはいけません。

とはいえ、注意深く読めば、当時の日本の姿が意外とリアルに示されている部分もあります。

たとえば、生活や文化のあり方です。

下戸《げこ》が大人《たいじん》と道路に相逢《あいあ》わば、逡巡《しゅんじゅん》して草《くさむら》に入る。辞《ことば》を伝え事を説《と》くときは、或《あ》いは蹲《うずくま》り或《あ》いは跪《ひざまづ》き、両手《りょうて》は地《ち》に拠《よ》りて、之《これ》が恭敬《きょうけい》を為《な》す。対応《たいおう》する声は噫《おお》と曰《い》う。比《ひ》するに然諾《ぜんだく》の如《ごと》し。

一般の人が有力者と道路上ですれ違うことになったら、一般の人が後《あと》ずさりして草むらのなかに入（って道を譲）る。（有力者が）伝言したり説明・説得するときには、あるときは（爪先《つまさき》立《だ》ちになった踵《かかと》の上に尻《しり》を載せて）蹲踞《そんきょ》し、あるときはひざまずいて聞く。両手は地につけて、相手を恭敬《きょうけい》しているという姿勢を示す。答えるときの声は噫《おお》という。（中国のことに）該当《がいとう》させれば「然諾《ぜんだく》（その通りに承知《しょうち》する）」のようなものだ。

このような記述からは、身分制度があり、きちんと礼儀があったことがわかります。

また、魚介類も野菜も豊富で気候も温暖ですから、中国と戦えるような国家だったと思います。

日本が白村江《はくすきのえ》の戦いを行ったことを、無謀《むぼう》な行為だったかのように言う人が多いですが、それは、中国を今の地図で見ているから無謀に見えるだけです。人口は日本が多かった可能性もあります。

もうひとつ注目していただきたいのが、次の一節です。

女王国《じょうおうこく》自《よ》り以北には、特に一大率《いちだいそつ》を置き、（「諸国を」脱か）検《けん》察《さつ》せしむ。諸国、之《これ》を畏《おそ》れ憚《はばか》る。常に伊都国《いとこく》に治《ち》し、国中《くにじゅう》に於《お》いて刺史《しし》の如《ごと》き有り。

女王国《じょおうこく》より北側の地には、特に一大率《いちだいそつ》を設置して、諸国を点検《てんけん》・監察《かんさつ》させている。諸国は、一大率《いちだいそつ》を怖《おそ》れ憚《はばか》っている。いつも伊都《いと》国《こく》に駐在《ちゅうざい》していて、中国においての刺史《しし》（州の長官）のように見える。

一大率は、伊都の帥、つまり大宰帥《だざいのそち》です。大宰帥は九州の長官です。のちに菅原道真《すがわらのみちざね》が大宰府に流されたときの官職が大宰権帥《だざいのごんのそち》ですから、同じ官職名がずっと続いていっています。

『魏志倭人伝』を見ると諸国が乱立していたように見えますが、これら諸国はバラバラにあったのではありません。九州全体を統括《とうかつ》する官職として、邪馬台国が一大率を置き、諸国を点検・監察していたのですから、邪馬台国が連合国家を率いる体制です。

一大率は大宰帥です。大宰帥は、のちに大宝律令《たいほうりつりょう》で定められたのと同一の官名です。

　王《おう》、使《つかい》を遣わして京都《けいと》・帯方郡《たいほうぐん》・諸《もろもろ》の韓国《かんこく》に詣《いた》る、及《およ》び郡《ぐん》の倭《わ》国《こく》に使いするとき、皆《みな》、津《しん》に臨《のぞ》み伝送の文書《もんじょ》・賜遺《しい》（遣か）の物を捜露《そうろ》し、女王に詣《いた》るには差錯《ささく》するを得《え》ず。

各国の王が使者を遣わして中国の京都《けいと》（洛陽《らくよう》）や帯方郡《たいほうぐん》や朝鮮《ちょうせん》半島《はんとう》のいろいろな韓《かん》の国に行くとか、帯方郡《たいほうぐん》から倭国《わこく》に使者を送るときには、みんな、港に入ってくるところで伝送《でんそう》する文書《もんじょ》（国書《こくしょ》など）や贈《おく》り物などを開けさせて調査し、女王のもとに送らせるものには不足や間違いを起こさせない。

諸国が中国や朝鮮半島に使節を送りたいときや、文書を送りたいときには、邪馬台国の一大率が点検していたとあります。一大率は大宰帥であり、その官職名はずっと変わっていないのです。

つまり、邪馬台国は昔からあって、日本という国がしっかりとまとまっていたことがわかります。そうでなければ、海外と外交などできません。

最後に、『魏志倭人伝』を通読するとき気をつけていただきたい部分を指摘しておきましょう。

章末の書き下し文の第二段落の三行目「その大官《たいかん》は卑狗《ひこ》と曰《い》い」というところがいきなり間違っています。ヒコというのは「日古」や「日子」や「彦」で、皇子です。皇子ですから、官ではありません。

そのあとの「副《ふく》は卑奴母離《ひなもり》と曰《い》う」のヒナモリは、『魏志倭人伝』はわざと嫌な字を当てていますが、日の守りでヒナモリです。つまり、神主です。

　そのあと、空白行で区切られているところの直前に、「其《そ》の南に狗奴《くな》国《こく》有り。男子を王と為《な》す。其《そ》の官《かん》には、狗古智卑狗《くこちひこ》有り。女王に属《つ》かず」とあります。このクコチヒコとは、キクチヒコです。のちの南朝の菊池一族の菊池です。

　木の弓とあるのは、基本的には竹の弓に鉄や骨の鏃《やじり》をつけていたとあります。弓兵を訓練するには時間がかかりますから、軍事訓練もよく行っていたことが窺えます。

　死者を葬《ほうむ》るのに「土を封《ふう》じて冢《つか》を作る」というのは、古墳を作っています。また大事なのが「他の人は就《あつま》りて歌舞飲酒《かぶいんしゅ》す」というところです。これは直会《なおらい》です。

「骨を灼《や》きて卜《ぼく》し、以《もっ》て吉凶《きっきょう》を占《うらな》う」というのは太占のことです。「其《そ》の会同《かいどう》し坐起《ざき》するときは、父子《ふし》・男女《だんじょ》に別なし」とありますから、身分が意外と平等だったことがわかります。「人の性《せい》、酒を嗜《たしな》む」というのは、これもやはり直会のことです。また、「婦人は淫《みだ》れず、妬忌《とき》せず。盗窃《とうせつ》せず、諍訟《そうしょう》少なし」というのもそのとおりでしょう。

　しかし、刑罰についての記述は違います。「其《そ》の法《ほう》を犯さば、軽《かろ》き者は其の妻子を没し、重き者は其の門戸及び宗族を没す」とありますが、これは中国史や朝鮮史によく見られる九族誅殺《きゅうぞくちゅうさつ》です。日本には九族誅殺の習慣はありません。

「難升米《なしめ》を以《もっ》て率善中郎将《そつぜんちゅうろうしょう》と為《な》し、牛利《ごり》を率善校尉《そつぜんこうい》と為《な》し、銀印青綬《ぎんいんせいじゅ》を仮《あた》え」では、難升米より下の牛利に対しても銀印青綬を与えています。銀印青綬を与えられるというのは異常に高い地位と言っていいでしょう。

また、さらに先を見ると、「其《そ》の六年、詔《みことのり》して倭《わ》の難升米《なしめ》に黄幢《こうどう》を賜《たま》い」とありますから、日巫女の使いの難升米は、魏の皇帝から錦の御旗をもらっています。

『魏志《ぎし》』烏丸鮮卑東夷伝倭人条《うがんせんぴとういでんわじんじょう》　書き下し文

倭人《わじん》は帯方《たいほう》の東南の大海《たいかい》の中に在《あ》り。山嶋《さんとう》に依《よ》りて国邑《こくゆう》を為《な》す。旧《ふる》くは百余国。漢《かん》の時、朝見《ちょうけん》する者有り。今、使訳通《しやくつう》ずる所は三十国なり。郡《ぐん》従《よ》り倭《わ》に至るには、海岸に循《したが》いて水行《すいこう》し、韓国《かんこく》を歴《へ》て、乍《しばら》く南し、乍《しばら》く東し、その北岸の狗邪韓国《くやかんこく》に到るに、七千余里《り》。始めて一海《いっかい》を度《わた》ること千余里にして、対馬国《つしまこく》に至る。その大官《たいかん》は卑狗《ひこ》と曰《い》い、副《ふく》は卑奴母離《ひなもり》と曰《い》う。居《きょ》す所絶嶋《ぜっとう》にして、方《ほう》四百余里可《ばか》りなり。土地は、山険《やまけわ》しく、深き林多く、道路は禽鹿《きんろく》の径《こみち》の如《ごと》し。千余戸有り。良き田無く、海の物を食して自活《じかつ》し、船に乗りて南北に市糴《してき》す。又《また》、南《みなみ》して一海《いっかい》を渡ること千余里。名づけて瀚海《かんかい》と曰《い》う。一大国《いちだいこく》に至る。官《かん》は亦《また》卑狗《ひこ》と曰《い》い、副《ふく》は卑奴母離《ひなもり》と曰《い》う。方《ほう》三百里可《ばか》り。竹木《ちくぼく》の叢林《そうりん》多く、三千許《ばか》りの家有り。差《いくら》か田地《でんち》有りて田を耕《たがや》せるも、猶食《なおしょく》するに足《た》らざれば、亦《また》、南北《なんぼく》に市糴《してき》す。

又《また》、一海《いっかい》を渡ること千余里にして、末盧国《まつらこく》に至る。四千余戸有り。山《さん》海《かい》に浜《そ》いて居《きょ》す。草木茂《そうもくしげ》り盛《さか》んならば、行くに前人《ぜんじん》を見ず。好《よ》く魚鰒《ぎょふく》を捕《と》らえ、水は深浅《しんせん》と無く、皆《みな》沈没して之《これ》を取る。

東南に陸行《りくこう》すること五百里にして、伊都国《いとこく》に到る。官《かん》は爾支《にき》と曰い、副《ふく》は泄謨觚《せもこ》・柄渠觚《へきょこ》と曰《い》う。千余戸有り。世《よよ》に王有るも、皆《みな》、女王国《じょうおうこく》に統属《とうぞく》す。郡使《ぐんし》往来《おうらい》するも、常に駐《とど》まる所なり。

東南、奴国《なこく》に至るに百里。官《かん》は兕馬觚《しまこ》と曰《い》い、副《ふく》は卑奴母離《ひなもり》と曰《い》う。二万余戸有り。東行《とうこう》して不弥国《ふみこく》に至るに百里。官《かん》は多模《たも》と曰《い》い、副《ふく》は卑奴母離《ひなもり》と曰《い》う。千余家有り。

南《みなみ》して、投馬国《とまこく》に至るには、水行《すいこう》して二十日《はつか》なり。官《かん》は弥弥《みみ》と曰い、副《ふく》は弥弥那利《みみなり》と曰《い》う。五万余戸可《ばか》りなり。

南《みなみ》して、邪馬壱《やま》（台《と》）国《こく》に至る。女王の都《みやこ》する所なり。水行《すいこう》して十日、陸行《りくこう》して一月《ひとつき》なり。官《かん》には伊支馬《いきま》あり、次は弥馬升《みまし》と曰《い》い、次を弥馬獲支《みまわき》と曰《い》い、次は奴佳鞮《なかて》と曰《い》う。七万余戸可《ばか》りなり。

女王国自《よ》り以北《いほく》は、其《そ》の戸数《こすう》・道里《どうり》は略載《りゃくさい》するを得《う》べきも、其《そ》の余《よ》の旁国《ぼうこく》は遠絶《おんぜつ》にして詳《つまび》らかにするを得《う》べからず。

次に斯馬国《しまこく》有り、次に巳百支国《しほきこく》有り、次に伊邪国《いやこく》有り、次に都支国《ときこく》有り、次に弥奴国《みなこく》有り、次に好古都国《こことこく》有り、次に不呼国《ふここく》有り、次に姐奴国《そなこく》有り、次に対蘇国《つそこく》有り、次に蘇奴国《そなこく》有り、次に呼邑国《こおこく》有り、次に華奴蘇奴国《かなそなこく》有り、次に鬼国《きこく》有り、次に為吾国《いごこく》有り、次に鬼奴国《きなこく》有り、次に邪馬国《やまこく》有り、次に躬臣国《くしこく》有り、次に巴利国《はりこく》有り、次に支惟国《きいこく》有り、次に烏奴国《おなこく》有り、次に奴国《なこく》有り。此《こ》れ女王の境界《きょうかい》の尽《つ》くる所なり。其《そ》の南に狗奴国《くなこく》有り。男子を王と為《な》す。其《そ》の官《かん》には、狗古智卑狗《くこちひこ》有り。女王に属《つ》かず。

郡自《よ》り女王国《じょうおうこく》に至るには、万二千余里なり。

男子は大小と無く、皆《みな》、面《おもて》を黥《きざ》み身《み》を文《かざ》る。古《いにしえ》自《よ》り以来《このかた》、其《そ》の使《つかい》は中国に詣《いた》りて、皆《みな》、自《みずか》ら大夫《たいふ》と称《しょう》す。夏后《かこう》の少康《しょうこう》の子、会稽《かいけい》に封《ほう》ぜられしとき、髪《かみ》を断《き》り身を文《かざ》り、以《もっ》て蛟龍《こうりゅう》の害《がい》を避《さ》く。今、倭《わ》の水人《すいじん》は、好《よ》く沈没して魚蛤《ぎょこう》を捕《と》らえ、身《み》を文《かざ》り、亦《また》、以《もっ》て大魚《たいぎょ》・水禽《すいきん》を厭《おさ》える。後《のち》、稍《よう》く以《もっ》て飾りと為《な》れり。諸国の文身《ぶんしん》は各《おのおの》異《こと》にし、或《あ》るいは左に或《ある》いは右に、或《ある》いは大に或《ある》いは小にす。尊卑《そんぴ》、差《しな》有り。其《そ》の道里《どうり》を計《はか》るに、当《まさ》に会稽《かいけい》・東冶《とうや》の東に在《あ》るべし。

其《そ》の風俗は淫《みだ》れず。男子は皆露《みなあら》わにして紒《ゆ》い、木緜《ゆう》を以《もっ》て頭《あたま》に招《あ》ぐ。其《そ》の衣《ころも》は横幅《おうふく》にして、但結束《ただけっそく》して相連《あいつら》ね、略《ほぼ》、縫《ぬ》うこと無し。婦人は髪を被《ふりみだ》すか屈《あつ》め紒《ゆ》う。衣《ころも》を作ることは単被《たんぴ》の如《ごと》くして、其《そ》の中央を穿《うが》ち、頭《あたま》を貫《つらぬ》きて之《これ》を衣《き》る。

禾稲《かとう》・紵麻《ちょま》を種《う》え、蚕桑《さんそう》・緝績《しゅうせき》し、細紵《さいちょ》・縑緜《けんめん》を出《い》だす。其《そ》の地に牛・馬・虎・豹《ひょう》・羊・鵲《かささぎ》無し。

兵《つわもの》には矛《ほこ》・楯《たて》・木弓《きゆみ》を用う。木弓《きゆみ》は下を短くし上を長くす。竹箭《ちくせん》なるも、或《ある》いは鉄鏃《てつぞく》、或いは骨鏃《こつぞく》なり。有無《うむ》する所は、儋耳《たんじ》・朱崖《しゅがい》と同じ。

倭の地は温暖にして、冬も夏も菜《な》を生ずるを食す。皆《みな》、徒跣《とせん》なり。

屋室《おくしつ》有りて、父母・兄弟《けいてい》は、臥息《がそく》するに処《ところ》を異《こと》にす。朱丹《あけに》を以《もっ》て其《そ》の身体《しんたい》に塗ることは、中国の粉《おしろい》を用うるが如《ごと》きなり。食飲《しょくいん》には籩豆《へんとう》を用い、手《て》ずから食《しょく》す。

其《そ》の死には、棺《ひつぎ》有るも槨《かく》なし。土を封《ふう》じて冢《つか》を作る。

死に始《もと》づき、喪《ひつぎ》を停《とど》むること十余日。時に当《あた》りて肉を食らわず、喪主《もしゅ》哭泣《こくきゅう》し、他の人は就《あつま》りて歌舞飲酒《かぶいんしゅ》す。已《すで》に葬《ほうむ》れば、家を挙《こぞ》りて水中に詣《いた》りて澡浴《そうよく》し、以て練沐《れんもく》の如《ごと》くす。

其《そ》の行来《こうらい》・渡海《とかい》して、中国に詣《いた》るには、恒《つね》に一人を使《し》て頭《あたま》を梳《くしけず》らず、蟣蝨《きしつ》を去らず、衣服は垢《あか》に汚《よご》れ、肉を食《く》わず、婦人を近づけず、喪《も》の人の如《ごと》くせしむ。之《これ》を名づけて持衰《じさい》と為《な》す。若《も》し行く者が吉善《きちぜん》なれば、共《とも》に其《そ》の生口《せいこう》・財物《ざいもつ》を顧《かえり》み、若《も》し疾病《しっぺい》有りて、暴害《ぼうがい》に遭《あ》えば、便《すなわ》ち之《これ》を殺さんと欲《ほっ》す。其《そ》の持衰《じさい》謹《つつ》まざればと謂《い》う。

真珠《しんじゅ》・青玉《せいぎょく》を出《い》だす。其《そ》の山には丹《に》有り。其《そ》の木には柟《ゆずりは》・杼《とち》・豫《く》（橡か）樟《す》・楺《ぼけ》・櫪《くぬぎ》・投（被か）・橿《かし》・烏号《やまぐわ》・楓香《かえで》、其《そ》の竹には篠《しのだけ》・簳《やだけ》・桃支《とうき》有り。薑《しょうが》・橘《たちばな》・椒《はじかみ》・蘘荷《みょうが》有るも、以《もっ》て滋味《じみ》為《た》るを知らず。獮（獼《おお》）猴《ざる》・黒雉《くろきじ》有り。

其《そ》の俗、事を挙《あ》げ行《ゆ》き来《き》するとき、云為《うんい》する所有らば、輒《すなわ》ち骨を灼《や》きて卜《ぼく》し、以《もっ》て吉凶《きっきょう》を占《うらな》う。先《ま》ず卜《ぼく》する所を告《つ》ぐ。其《そ》の辞《ことば》は令亀法《れいきのほう》の如《ごと》く、火坼《かたく》を視《み》て兆《きざ》しを占《うらな》う。

其《そ》の会同《かいどう》し坐起《ざき》するときは、父子《ふし》・男女《だんじょ》に別なし。人の性《せい》、酒を嗜《たしな》む。大人《たいじん》の敬《けい》する所に見《あ》えば、但《ただ》手を搏《う》ち、以《もっ》て跪拝《きはい》に当《あ》つ。其《そ》の人は寿考《じゅこう》にして、或《ある》いは百年、或《ある》いは八、九十年なり。

其《そ》の俗は、国《くに》の大人《たいじん》ならば皆《みな》四、五婦《ふ》、下戸《げこ》も或《ある》いは二、三婦《ふ》なり。

婦人は淫《みだ》れず、妬忌《とき》せず。盗窃《とうせつ》せず、諍訟《そうしょう》少なし。其《そ》の法《ほう》を犯さば、軽《かろ》き者は其《そ》の妻子《さいし》を没《ぼっ》し、重き者は其《そ》の門戸《もんこ》及《およ》び宗族《そうぞく》を没《ぼっ》す。尊卑《そんぴ》各《おのおの》差序《さじょ》有りて、相臣服《あいしんぷく》するに足《た》る。租賦《そふ》を収《おさ》むる邸閣《ていかく》有り。国国《くにぐに》に市《いち》有りて、有無《うむ》を交易《こうえき》す。大倭《だいわ》を使《し》て之《これ》を監《かん》せしむ。

女王国《じょうおうこく》自り以北には、特に一大率《いちだいそつ》を置き、（「諸国を」脱か）検察《けんさつ》せしむ。諸国、之《これ》を畏《おそ》れ憚《はばか》る。常に伊都国《いとこく》に治《ち》し、国中《くにじゅう》に於《お》いて刺史《しし》の如《ごと》き有り。

王《おう》、使《つかい》を遣わして京都《けいと》・帯方郡《たいほうぐん》・諸《もろもろ》の韓国《かんこく》に詣《いた》る、及《およ》び郡《ぐん》の倭国《わこく》に使いするとき、皆《みな》、津《しん》に臨《のぞ》み伝送の文書《もんじょ》・賜遺《しい》（遣か）の物を捜露《そうろ》し、女王に詣《いた》るには差錯《ささく》するを得《え》ず。

下戸《げこ》が大人《たいじん》と道路に相逢《あいあ》わば、逡巡《しゅんじゅん》して草《くさむら》に入る。辞《ことば》を伝え事を説《と》くときは、或《ある》いは蹲《うずくま》り或《ある》いは跪《ひざまず》き、両手《りょうて》は地に拠《よ》りて、之《これ》が恭敬《きょうけい》を為《な》す。対応《たいおう》する声は噫《おお》と曰《い》う。比《ひ》するに然諾《ぜんだく》の如《ごと》し。

其《そ》の国、本亦《もとまた》、男子を以《もっ》て王と為《な》す。住《とど》まること七、八十年にして倭《わ》国乱《こくみだ》れ、相攻伐《あいこうばつ》すること年を歴《へ》たり。乃《すなわ》ち共に一女子を立てて王と為《な》せり。名づけて卑弥呼《ひみこ》と曰《い》う。鬼道《きどう》を事《こと》とし、能《よ》く衆《しゅう》を惑《まど》わす。年已《としすで》に長大《ちょうだい》なりしも、夫壻《ふせい》なし。男弟《だんてい》有りて、国を治《おさ》むるを佐《たす》く。王《おう》と為《な》れる自《よ》り以来《このかた》、見《まみ》えること有る者少なし。婢《はしため》千人を以《もっ》て、自《みずか》ら侍《はべ》らしむ。唯《ただ》男子一人有りて、飲食《いんしょく》に給《きゅう》し、辞《ことば》を伝え、居処《きょしょ》に出入《しゅつにゅう》す。宮室《きゅうしつ》・楼《ろう》観《かん》・城柵《じょうさく》、厳《おごそ》かに設《しつら》え、常に人有りて、兵《つわもの》を持《じ》して守衛《しゅえい》す。

女王国《じょうおうこく》の東、海を渡ること千余里にして、復《また》、国有り。皆《みな》、倭《わ》の種《しゅ》なり。又《また》、侏儒国《しゅじゅこく》有りて、その南の人は長《たけ》三、四尺のもの在《あ》り。女王《じょうおう》（「国」脱か）を去ること四千余里なり。又《また》、裸国《らこく》・黒歯国《こくしこく》有りて、復《また》、其《そ》の東南に船行《せんこう》一年にして至るべし。

倭《わ》の地を参問《さんもん》するに、海中《かいちゅう》の洲嶋《しま》の上に絶在《ぜつざい》し、或《ある》いは絶《た》え或《ある》いは連《つら》なり、周旋《めぐり》は五千余里可《ばか》りなり。

景初《けいしょ》二年六月、倭《わ》の女王、大夫《たいふ》難升米《なしめ》等《ら》を遣わして郡《ぐん》に詣《いた》り、天子《てんし》に詣《いた》りて朝献《ちょうけん》せんことを求む。太守劉夏《たいしゅりゅうか》、吏《り》を遣わし、将《ともな》い送りて京都《けいと》に詣《いた》らしむ。

其《そ》の年十二月、詔書《しょうしょ》して倭《わ》の女王に報《こた》えて曰《い》う、

「親魏倭王卑弥呼《しんぎわおうひみこ》に制詔《せいしょう》す。帯方《たいほう》の太守劉夏《たいしゅりゅうか》、使《つかい》を遣わし汝《なんじ》の大夫難《たいふな》升米《しめ》・次使都市牛利《じしとしごり》を送り、汝献《なんじけん》ずる所の男生口《おとこのせいこう》四人・女生口《おんなのせいこう》六人・班布《はんぷ》二匹《ひき》二丈《じょう》を奉《ほう》じて以《もっ》て到れり。汝《なんじ》が在る所は踰《はる》かに遠《とお》かりしも、乃《すなわ》ち使《つかい》を遣わして貢献《こうけん》す。是《こ》れ汝《なんじ》の忠孝《ちゅうこう》なり。我甚《われはなは》だ汝《なんじ》を哀《あわ》れむ。今、汝《なんじ》を以《もっ》て親魏倭王《しんぎわおう》と為《な》し、金印紫綬《きんいんしじゅ》を仮《あた》え、装封《そうふう》して帯方《たいほう》の太守《たいしゅ》に付《ふ》して仮授《かじゅ》す。汝《なんじ》、其《そ》れ種人《しゅじん》を綏撫《すいぶ》し、勉《つと》めて孝順《こうじゅん》を為《な》せ。汝《なんじ》の来使難《らいしな》升米《しめ》・牛利《ごり》は、遠《とお》きを渉《わた》り、道路《みち》に勤労《きんろう》せり。今、難升米《なしめ》を以《もっ》て率善《そつぜん》中郎将《ちゅうろうしょう》と為《な》し、牛利《ごり》を率善校尉《そつぜんこうい》と為《な》し、銀印青綬《ぎんいんせいじゅ》を仮《あた》え、引見《いんけん》して労《ねぎら》い賜《たま》いて、遣わし還《かえ》さん。今、絳地交龍錦《あかじこうりゅうきん》五匹《ひき》・絳地縐粟罽《あかじすうぞくのけい》十張《はり》・蒨絳《あかねあか》五十匹《ひき》・紺青《こんじょう》五十匹《ひき》を以《もっ》て、汝《なんじ》が献ずる所の貢直《こうちょく》に答《こた》う。又《また》、特に汝《なんじ》に紺地句文錦《こんじくもんきん》三匹《ひき》・細班華罽《さいはんかけい》五張《はり》・白絹《しらぎぬ》五十匹《ひき》・金八両・五尺《ごしゃくの》刀《とう》二口《く》・銅鏡《どうきょう》百枚・真珠《しんしゅ》（朱か）・鉛丹《えんたん》各《おのおの》五十斤《きん》を賜《たま》い、皆装封《みなそうふう》して難升米《なしめ》・牛利《ごり》に付《ふ》す。還《かえ》り到らば録受《ろくじゅ》し、悉《ことごと》く以《もっ》て汝《なんじ》が国中《くにじゅう》の人に示し、国家《みかど》の汝《なんじ》を哀《あわれ》むが故《ゆえ》に鄭重《ていちょう》に汝《なんじ》の好《この》める物を賜《たま》うことを知ら使《し》む

可《べ》きなり」と。

正始《せいし》元年、太守弓遵《たいしゅきゅうじゅん》、建中校尉梯儁等《けんちゅうこういていしゅんら》を遣わし、詔書《しょうしょ》・印綬《いんじゅ》を奉《ほう》じて、倭国《わこく》に詣《いた》る。倭王《わおう》に拝仮《はいか》して、幷《あわ》せて詔《みことのり》を齎《もたら》し、金《きん》・帛《はく》・錦《にしき》・罽《けい》・刀《とう》・鏡《かがみ》・采物《さいもつ》を賜《たま》う。倭王《わおう》、使《つかい》に因《よ》りて上表《じょうひょう》し、詔恩《しょうおん》に答謝《とうしゃ》す。

其《そ》の四年、倭王《わおう》、復《また》、使《つかい》の大夫伊声耆《たいふいせき》・掖邪狗等《ややくら》八人を遣わし、生口《せいこう》・倭錦《わきん》・絳青縑《あかあおのかとり》・緜衣《めんい》・帛布《はくふ》・丹《に》の木の柎（弣《ゆづか》か）の短き弓と矢とを上献《じょうけん》す。掖邪狗等《ややくら》、率善中郎将《そつぜんちゅうろうしょう》の印綬《いんじゅ》を壱《いつ》に拝《はい》す。

其《そ》の六年、詔《みことのり》して倭《わ》の難升米《なしめ》に黄幢《こうどう》を賜《たま》い、郡《ぐん》に付《ふ》して仮授《かじゅ》せしむ。

其《そ》の八年、太守王頎《たいしゅおうき》、官に到る。倭《わ》の女王・卑弥呼《ひみこ》は、狗奴国《くなこく》の男王《だんおう》・卑弥弓呼《ひみここ》と素《もと》より不和《ふわ》なり。倭《わ》、載斯《さし》・烏越等《うおら》を遣わして郡《ぐん》に詣《いた》り、相攻撃《あいこうげき》する状《さま》を説《と》く。塞曹掾史張政等《さいそうえんしちょうせいら》を遣わし、因《よ》りて詔書《しょうしょ》・黄幢《こうどう》を齎《もたら》し、難升米《なしめ》に拝仮《はいか》せしめ、檄《げき》を為《つく》りてこれを告喩《こくゆ》す。

卑弥呼《ひみこ》以《すで》に死《し》し、大いなる冢《つか》を作ること径《けい》百余歩なり。徇葬《じゅんそう》する者は、奴婢《ぬひ》百余人とす。

更《あらた》めて男王《だんおう》を立つるも、国中服《くにじゅうふく》さず。更《たがい》に相誅殺《あいちゅうさつ》して、当時《とうじ》千余人を殺す。復《また》、卑弥呼《ひみこ》の宗女《そうじょ》の壱与《いよ》年《とし》十三なるを立てて王と為《な》し、国中《くにじゅう》遂《つい》に定《さだ》まれり。政等《せいら》、檄《げき》を以《もっ》て壱与《いよ》に告喩《こくゆ》す。壱与《いよ》、倭《わ》の大夫率善《たいふそつぜん》中《ちゅう》郎将《ろうしょう》掖邪狗等《ややくら》二十人を遣わし、政等《せいら》を送《おく》り還《かえ》らしむ。因《よ》りて台《たい》に詣《いた》り、男女生口《だんじょせいこう》三十人を献上《けんじょう》し、白珠《しらたま》五千孔《こう》・青大句珠《あおのおおまがたま》二枚・異文雑錦《いもんざつきん》二十匹《ひき》を貢《こう》ず。

第六章　崇神《スジン》天皇から垂仁《スイニン》天皇まで

三輪《みわ》の大物主神《オオモノヌシノカミ》

ここからはまた『古事記』に戻って語っていきますが、崇神《スジン》天皇の時代、日巫女《ヒミコ》が祭祀王としてそこにいる、ということを頭の隅に置きながらお読みください。

崇神天皇は、『帝王日嗣《ていおうひつぎ》』によれば、二二〇年に即位し、師木《しき》の水垣《みずがき》の宮で天下を治めました。

崇神天皇の御代、悪性の伝染病が流行《はや》りました。病《やまい》に倒れていく民をみて、崇神天皇はひどく心を痛めます。疫病《えきびょう》を鎮《しず》めるため、天皇は新しく神殿を造り、精進潔斎《しょうじんけっさい》し、神殿に篭《こも》って祈りました。すると、たまたま神殿の床で眠っていた天皇の夢の中に、大物主神が現れ、こう告げるのでした。

「是《こ》は我《あ》が御心《みこころ》ぞ。故意富多々泥古《かれおほたたねこ》を以《も》ちて、我が前を祭らしめたまはば、神《かみ》の気《け》起《お》こらず、国も安平《やすら》かにあらむ」

「今流行している悪い病気というのは、自分のしわざである。しかし、もしも意富多多泥古《オホタタネコ》に命じて、自分を祭らせるならば、神のたたりも収まり、国の中はもとの通り穏やかになるだろう。」

夢から覚めた天皇が早速、四方に使いを走らせて探させたところ、和泉国《いずみのくに》（今の大阪府の一部）の美努《みの》の村に求める人物がいました。使いは、意富多多泥古を丁重に天皇の下に連れ帰ります。

天皇が「お前は誰の子か」と尋ねたところ、意富多多泥古は、「私は、大物主神が、陶津耳命《スエツミミノミコト》の娘の活玉依毘売《イクタマヨリビメ》を妻として生ませた櫛御方《クシミカタノ》命《ミコト》から三代目の孫に当たる、意富多多泥古と申します」と答えました。

天皇は、「これで天下が穏やかになり、民は栄えるだろう」と大変喜び、早速、意富多多泥古を神主にして、御諸山《みもろやま》で、意富美和之大神《オホミワノオオカミ》、すなわち、三輪の大物主大神を祭らせました。

また、宇陀《うだ》の墨坂神《スミサカノカミ》に赤い楯矛《たてほこ》を供《そな》え、大坂神《オオサカノカミ》に黒い楯矛《たてほこ》を供え、さらに、坂の上、河の瀬などにいる神々にも一柱も漏れなく幣帛《へいはく》を供えて祭ったので、神の祟《たた》りの疫病はすっかり収まり、天下は平穏を取り戻しました。

風神龍田大社。崇神天皇が疫病退散のために創建したと伝えられる。

この意富多多泥古が神の御子であるとわかったわけを、『古事記』は次のように語っています。

上《かみ》に云《い》へる活玉依毘売《いくたまよりびめ》、其《そ》の容姿端正《かたちきらぎら》し。是《ここ》に壮夫《をとこ》有り。其の形姿《かたち》威儀《よそほひ》時に比《たぐひ》無し。夜半《よなか》の時に倏忽《たちま》ちに到来《き》たれり。故相感《かれあひめ》で共婚《まぐはひ》し、供住《す》める間《あひだ》、いまだ幾時《いくばく》も経《へ》ぬに、其の美人《をとめ》姙身《はら》みぬ。

前にあげた活玉依姫は、その容姿がたいそううるわしかった。ところがここに、この世の者とも思われぬ立派な男子があって、その形容といい威儀といい他に較《くら》べる者もなかったが、深夜、不意に姫のもとに姿を見せた。二人ながらたちまち恋に落ちて、男は姫のもとにあってともに住んだが、いくらも経《た》たないうちに乙女《おとめ》が身ごもった。

活玉依毘売の両親は、夫もいないのに娘が身ごもったことに驚き、いったい何があったのかと問いました。活玉依毘売は、「みめうるわしい立派な男の方が、毎晩のように私のところへ通って来られます。お名前は存じません。毎晩その方とともに過ごすうちに、ひとりでにこのような身体になりました」と答えました。

そこで、両親は活玉依毘売に次のように教えました。

「赤土《はに》を以ち床《とこ》の前に散らし、へその紡麻《うみを》を以ち針に貫《ぬ》き、其の衣の欄《すそ》に刺せ」

「床のまわりに赤土を蒔《ま》き散らし、それから麻糸《あさいと》を巻いたものに針をつけて、その男の着物の裾に刺しておきなさい。」

活玉依毘売がその通りにして、翌朝になると、麻糸は入り口の戸の鈎《かぎ》穴《あな》を通って外に続いていました。部屋の中に残った麻糸は、三巻（三《み》勾《わ》）だけでした。

活玉依毘売が糸を追っていくと、三輪山の神社にたどり着きました。

そこで、この男が神の御子であることがわかったのだといいます。

四道将軍《しどうしょうぐん》

崇神《スジン》天皇は、まだ天皇の権威に従わない、遠く離れた地方に将軍を派遣しました。

大毘古命《オホビコノミコト》（大彦命）を高志《こし》（北陸）に、大毘古命の息子の建沼河別命《タケヌナカハワケノミコト》（武渟川別命）を東方十二国（伊勢《いせ》から陸奥《むつ》まで）に派遣し、また大和に従わない者たちを帰順させせました。

また、日子坐王《ヒコイマスノミコ》（彦坐王）を丹波国《たんばのくに》に向かわせ、玖賀耳之御笠《くがみみのみかさ》という者を討たせました。

大毘古命が高志に向かって行く途中、山城国（今の京都府）の弊羅坂《へらさか》というところにさしかかると、裳《も》をつけた一人の少女が坂に立ち、このような歌を歌いました。

御真木入日子《ミマキイリビコ》はや
己《おの》が緒《を》を　窃《ぬす》み殺《し》せむと
後《しり》つ戸《と》よ　い行《い》き違《ちが》ひ

前つ戸《まへと》よ　い行《い》き違《ちが》ひ
窺《うかか》はく　知《し》らにと
御真木入日子はや

御真木入日子は
日嗣の御子の御真木入日子は、なんとしたことでしょう。
自分の玉《たま》の緒《お》を、こっそり殺そうとたばかる痴者《しれもの》［おろか者］が、
宮殿のうしろの戸を往《い》ったり来たり、
前の戸を往ったり来たり、
つけ狙《ねら》っているとも知らないとは、
御真木入日子はなんとしたことでしょう？

大毘古命は何事かと思って馬を返し、「そなたが今言ったのは、いったいどういう意味か」と尋ねます。するとその少女は、「何も言っておりません。ただ、歌を歌っていただけです」と答えるなり、たちまち姿を消してしまいました。

大毘古命は歌に暗示されたことが気にかかって、すぐに都に引き返し、このことを天皇に報告しました。天皇は答えました。

「これは、山城国《やましろのくに》に住む私の異母兄、建波邇安王《タケハニヤスノミコ》が謀反《むほん》を企んでいる徴《しるし》でしょう。伯父さん、軍を率いて、討ち果たしてきてください」

そして、和邇《わに》の臣の祖先である日子国夫玖命《ヒコクニブクノミコト》を副将につけて送り出しましたが、そのとき、和邇坂に祭祀用の瓮《かめ》を据え、戦勝を祈願して出発しました。

大毘古命らが率いる軍が山城の和訶羅河《わからがわ》までやってくると、建波邇安王の軍が待ち構えていて、両軍は河を挟んで互いに挑み合いました。

尓《しか》して日子国夫玖命乞《こ》ひて云はく、「其廂《そなた》の人、まづ忌矢《いはひや》を弾《はな》つべし」といふ。尓して其の建波迩安王射つれども中《あ》てず。是《ここ》に国《クニ》夫玖命《ブクノミコト》矢を弾《はな》てば、建波尓安王を射《い》て死《ころ》しつ。故其の軍《いくさ》、悉《ことごと》く破《やぶ》れて逃げ散《あら》けぬ。

そこで副将の日子国夫玖命が、河の手前から大声に呼ばわった。

「いざ矢合わせをしよう。まずそちらの陣から、ようく神様にお願いしたうえで、最初の矢を放ってみろ。」

このように所望したので、建波邇安王が立って矢を放ったが、これは命中しなかった。これを見すまして、こちらの陣から国夫玖命が弓をとって立ち、えいとばかりに放った矢は、ものの見事に建波邇安王に当たり、王はもろくも死んだ。これを見るや、敵軍は総くずれとなり、散り散りに逃げ出した。

大毘古命はこうして敵をすっかり平定し、都に戻って天皇に戦勝を報告すると、改めて最初の命令どおりに北陸へ向かって出発しました。その途中、大毘古命と、東の諸国に派遣されていた建沼河別命が会津で行き会い、それが会津の語源になったことは既にお話ししたとおりです。

こうして大毘古命と建沼河別命は派遣された国々を平定して国内が収まり、人々は富み栄えました。ここに至って、初めて、男には狩りの獲物、女には手織りの布などの税を課して徴収《ちょうしゅう》することになりました。

これが税の始まりです。狩りの獲物は「弓端の調《ゆはずのみつぎ》」、手織りの布などは「手末の調《たなすえのみつぎ》」といいました。

こうして天下を安んじ、繁栄に導いたので、崇神天皇を褒め称えて、「初国知らしし御真木天皇《はつくにしらししみまきのすめらみこと》」と呼びます。

初代の神武《ジンム》天皇と同じ諡《おくりな》を持つ崇神天皇の記述の中に、神武天皇の母と同じ名の玉依毘売《タマヨリビメ》が現れるのは、なかなか興味深いことです。

沙本毘売《サホビメ》の悲劇

『魏志倭人伝』では日巫女《ヒミコ》の側近の伊久米《イクメ》（伊支馬《いきま》）として登場した伊久米伊理毘古伊佐知命《イクメイリヒコイサチノミコト》（活目入彦命）が、崇神《スジン》天皇の次、第十一代垂仁《スイニン》天皇です。『帝王日嗣《ていおうひつぎ》』口伝によると、即位は二五四年、師木《しき》の玉垣宮《たまがきのみや》で天下を治めました。

垂仁天皇は、開化《カイカ》天皇の孫、沙本毘売を深く慈《いつく》しみ、大切にしていました。沙本毘売が皇后に立てられたとき、兄の沙本毘古《サホビコ》は妹に意外なことを尋ねました。

「そなたは、夫と、兄である私と、どちらを愛《いと》おしく思っているか」

沙本毘売はいきなりこんなことを聞かれて、思わず、「お兄様のほうが大事でございます」と答えてしまいました。

　すると、沙本毘古は、「そなたがまことに夫よりも私を愛おしく思っているのなら、私とそなたと二人で天下を治めようではないか」とささやきます。そして、八度も鍛《きた》え直した、切れ味の鋭い紐小刀《ひもがたな》を妹に手渡しながら、こう言うのでした。

「この小刀を使って、天皇が眠っている隙《すき》に刺し殺すのだ」

故《かれ》天皇、其《そ》の謀《はかりごと》を知らしめさずて、其の后《きさき》の御膝《みひざ》を枕《ま》き、御寝《みね》し坐《ま》しぬ。尓して其の后、紐小刀《ひもがたな》以《も》ち、其の天皇の御頸《みくび》を刺《さ》しまつらむと為《す》。三度《みたび》挙《ふ》りて、哀《かな》しき情《こころ》に忍《あ》へず、頸《くび》を刺すこと能《あた》はずて、泣く涙《なみだ》、御面《みおも》に落《お》ち溢《あふ》る。天皇驚《おどろ》き起《お》きたまひ、其の后を問ひて曰《の》りたまはく、「吾《あれ》異《け》しき夢《いめ》を見つ。沙本《さほ》の方《かた》より、暴雨《はやさめ》零《ふ》り来《き》、急《にはか》に吾《あ》が面《おもて》を沾《ぬ》らしつ。また錦色《にしきいろ》の小さき蛇《へみ》、我《あ》が頸《くび》に纏繞《まつわ》りつ。かくの夢《いめ》、是《こ》れ何《なに》の表《しるし》にあらむ」とのりたまふ。

天皇は、こうした企《たくら》みがあるとはつゆ知らずに、その后《きさき》の膝《ひざ》を枕にして、うたた寝をしていた。この時を見はからって、后は言いつけられたとおり紐小刀《ひもがたな》を取り出し、天皇の頸《くび》を刺そうとした。しかし三度まで小刀を振り上げたが、夫の天皇を殺すのかと考えただけでも、万感が胸に迫ってきて、どうしても刺すことができなかった。悲しみのあまり、目蓋《まぶた》にあふれてこぼれ落ちる涙が、一滴また一滴と、天皇の顔の上にしたたり流れた。

天皇はその時はっと目を覚まして、后に向かって次のように尋ねた。

「私は今しがた、不思議な夢を見たよ。沙本《さほ》のほうから不意に雨が降り出して、その雨が私の顔まであっという間に濡らしてしまった。それに、錦色《にしきいろ》をした小さな蛇《へび》が、私の首に巻きついた。いったいこの夢には、どんな意味があるのだろうね？」

このように尋ねた。

これはもはや隠し通すことはできないと悟《さと》った皇后は答えました。

「兄の沙本毘古王が、私に、『そなたは、天皇と、兄であるこの私と、どちらが愛おしいか』と尋ねました。面と向かって聞かれて、私はつい、「お兄様でございます」と答えてしまいました。すると兄は、『そなたと私とで天下を治めようではないか。天皇をお刺し申せ』と言って、この幾度も鍛えた紐小刀を私に手渡したのでございます。私は、お首をお刺し申そうとして三度振り上げましたけれど、どうしてそのようなことができましょう。悲しみに耐えられず、私の涙が落ちて御顔を濡らしたのでございます。夢にご覧になったのは、このことの表れでございましょう」

天皇は、「なんと、今少しのところで欺《あざむ》かれるところであったか」と叫んで跳ね起き、ただちに軍を興《おこ》して沙本毘古の討伐に向かわせました。

沙本毘古王も、稲の俵を積み上げた稲城《いなき》を造り、立てこもって応戦しました。

沙本毘売は、兄を思う気持ちに耐えきれず、宮殿の裏門から抜け出すと、兄のいる稲城に入りました。

このとき、沙本毘売は身ごもっていました。天皇は、ここ三年というもの、誰よりも沙本毘売を寵愛《ちょうあい》していました。まして身ごもっているとあっては、なおさらに愛おしくてなりません。

天皇は稲城を包囲したままで、攻撃をかけようとはしませんでした。

こうして両軍が睨《にら》み合っているうちに、月満ちて、沙本毘売が身ごもっていた御子が生まれました。

沙本毘売は、その御子を抱き、稲城の外に姿を現し、御子を天皇に見せながら、遠くから呼びかけました。

「もしこの御子をお上の子と認めてくださるならば、お上が引き取ってお育てくださいませ」


是に天皇詔《の》りたまはく、「其の兄《え》を怨《うら》みつれども、なほ其の后を愛《うつく》しぶるにえ忍《た》へず」とのりたまふ。故《かれ》后を得たまふ心有り。是を以ち軍士《いくさびと》の中に力士《ちからひと》の軽捷《はや》きを選《えら》ひ聚《あつ》めて、宣《の》りたまはく、「其の御子を取らむ時に、其の母王《ははみこ》を掠《かそ》ひ取れ。或《あるい》は髪、或は手、取り獲《え》むまにまに、掬《つか》みて控《ひ》き出でよ」とのりたまふ。

これを聞いた天皇は、なるほど兄のほうは、自分を殺して天下を取ろうとした不届きな者であるゆえ、このうえもなく憎い奴《やつ》と思ってはいたが、その妹である后に対しては、今もなお、不憫《ふびん》に思う気持ちを捨て去ることができなかった。そこでこの機会に、后を取り戻そうとひそかに考えた。

そこで引き連れていた兵卒たちの中で、力持ちで動作の敏捷《びんしょう》な者ばかりをよりすぐり、これらに次のような命令を与えた。

「あの御子を受け取りにいったら、そのついでに、母の后も無理矢理に奪い取ってこい。髪でも腕でも、どこでもいいからうまく摑《つか》まえたら、摑んだままに引き出してこい。」

このように言いつけた。

しかし、沙本毘売は、天皇がこのようにするだろうと既に察していました。髪を剃《そ》って、その髪で作った髢《かもじ》で頭を覆《おお》い、玉を連ねた緒を腐らせて手に三重に巻き、着物も酒で腐らせて、すぐに破れるようになったものを纏《まと》いました。こうして用意を整えた上で、御子を腕に抱いて、稲城の外に差し出しました。

そんなこととは知らず、兵たちは、御子を受け取ると即座に沙本毘売を摑まえようとしましたが、髪を摑めば頭からはらりと落ち、手の玉飾りを摑めば玉の緒が切れ、着物を摑めばもろくも破れました。

兵たちは、沙本毘売を連れ帰ることができませんでした。

天皇は、断腸《だんちょう》の思いで沙本毘売に呼びかけました。

「子供の名前は、すべて母親がつけるものと決っている。この子の名を、何とつけたらよいものだろうか」

「火をかけられた稲城の中で生まれた御子でございます。本牟智和気《ホムチワケノ》御子（譽津別命）と名付けましょう」

天皇が「どのようにして養育したらよいだろうか」と尋ねると、沙本毘売は、「乳母を決め、御子に湯浴《ゆあ》みをさせる大湯坐《おおゆえ》・若湯坐《わかゆえ》を定めてご養育なさいませ」と答えました。

また其の后を問ひ曰《の》りたまはく、「汝《な》の堅《かた》めしみづの小佩《をひも》は、誰《たれ》か解《と》かむ」とのたまふ。答へて白さく、「旦波《たには》の比古多々須美智宇斯《ひこたたすみちのうしの》王《みこ》が女《むすめ》、名は兄比売《えひめ》・弟比売《おとひめ》、茲《こ》の二《ふたはしら》の女王《ひめみこ》は、浄《きよ》き公民《おほみたから》。故使ひたまふべし」とまをす。

さらに、后に向かって、

「私たちはお互いに、美しい下紐《したひも》［下着の紐］を結び交わして、自分の手では紐《ひも》を解かないことを契《ちぎ》り合ったものだ。いまお前が私のもとに帰ってこないのならば、お前の結び堅《かた》めた私の下紐は、いったい誰が解いたらよいだろうか？　誰を迎えて后としたらよいだろうか？」

このように尋ねた。

そこで后が答えて、

「丹波《なにわ》の、比古多多須美智能宇斯王の娘にあたります、兄比売・弟比売と呼ばれる二人の女王は、いずれも心の清らかな人たちでございますから、この人たちを召し入れてお使いになればよろしいでしょう。」

このように言った。

天皇はついに沙本毘古を討ち果たしました。妹の沙本毘売も兄と死をともにしました。

物言わぬ御子と大国《オホクニ》主《ヌシ》命《ノミコト》

沙本毘売《サホビメ》が残した本牟智和気《ホムチワケ》御子は、髭《ひげ》が長く伸びて胸に届くほどの歳になっても、一言もものを言ったことがありませんでした。ところがある日、大空を渡る白鳥の声を聞いて、初めて片言で何かをつぶやきました。

本牟智和気御子が言葉を発しないことに心を痛めていた天皇は、早速山辺大鶙《やまべのおほたか》という者に命じてその白鳥を追わせました。山辺はその白鳥を追い、紀伊国《きいのくに》から播磨国《はりまのくに》へ、さらに因幡国《いなばのくに》を超えて、丹波国《たんばのくに》、但馬国《たじまのくに》、近江国《おうみのくに》へと追っていきました。

そしてさらに美濃《みの》、尾張《おわり》、信濃《しなの》を過ぎて、越国《こしのくに》でようやく白鳥を捕らえ、天皇のもとに持ち帰りました。

天皇は、この白鳥を見たら、御子がきっと口を開くに違いないと思いましたが、御子はものを言わないままでした。ますます心配が募《つの》って憂いながら天皇が寝所に入ると、夢の中に神が現れてこう告げました。

我が宮を、天皇《おほきみ》の御舎《みあらか》の如く修理《をさ》めたまはば、御子かならず真事《まこと》とはむ

私を祭っている神殿を、天皇の御殿のように立派に修理するならば、御子も必ずや物を言うようになるだろう。

目が覚めた天皇は、どの神のお告げだったのかを、太占《ふとまに》で占わせました。すると、出雲《いずも》の大国主命のお告げであることがわかりました。天皇は、大国主命の祟りを解くため、本牟智和気御子を出雲に赴《おもむ》かせ、大国主命の神殿を参拝させようと考えましたが、そのお付きとして誰を随行《ずいこう》させたらよいかをさらに占ったところ、曙立王《アケタツノミコ》がよいと出ました。

故曙立王に科《おほ》せて、うけひ白《まを》さしむらく、「此の大神を拝《をろが》むに因《よ》りて、誠《まこと》に験《しるし》有らば、是の鷺巣池《さぎすのいけ》の樹《き》に住《す》む鷺《さぎ》や、うけひ落ちよ」と、

かく詔《の》りたまふ時に、うけひし其の鷺地《つち》に堕《お》ちて死にき。また詔りたまはく、「うけひ活《い》け」とのりたまふ。尓《しか》うけひしかば更《さら》に活《い》きぬ。また甜白檮《あまかし》の前《さき》に在る葉広熊白檮《はびろくまかし》をうけひ枯《か》らし、またうけひ生《い》かしむ。

曙立王が、うけいをしたうえで言うには、

「もしこの大神を拝むことで確かに験《しるし》があるものならば、この眼の前の鷺巣《さぎす》の池［今の奈良県橿原《かしはら》市］の樹の上に住んでいる鷺《さぎ》よ、我が誓《ちかい》に従って地に落ちよ。」

　こう言うと、まったくその言葉のとおりに、鷺《さぎ》は地に落ちて死んだ。

「今度は、我が誓に従って活《い》きかえれ。」

　こう言うと、鷺《さぎ》はまた活きかえった。そのうえさらに、甜白檮《あまかし》の崎［甜白檮は今の奈良県明日香村の甘樫丘《あまかしのおか》。崎（前）はその丘の端で、祭祀《さいし》を行なうところ］に生えている、広い葉の茂った立派な白檮《かし》の木を、うけいに従って枯らしたり活かしたりした。

こうして曙立王を供として出雲に着き、大国主命を参拝し終わって、都へ帰ろうとする途中、肥河《ひのかわ》（斐伊川《ひいがわ》）の上に黒い皮付きの丸太橋を作り、仮の宮殿を建てて御子が泊まれるようにしました。そこで食事をさしあげようとしたとき、本牟智和気《ホムチワケ》御子は突然、口を開いて言葉を発しました。

「この河下には青葉の山のようなものが見えるが、あれは本当の山ではあるまい。あれはもしや、出雲の石硐《いわくま》の曾《そ》の宮に鎮座まします、葦原《アシハラ》色許男大神《シコヲノオオカミ》（大国主命）をお祭りする神域ではあるまいか」

御子の供についてきた一行は、この様子を見て心から喜び、早速、知らせの早馬を天皇のもとに送りました。

爾《しか》して其の御子、一宿《ひとよ》肥長比売《ひながひめ》を婚《ま》きき。故其の美人《をとめ》を窃《ひそ》かに伺《うかが》へば、蛇《へみ》なり。見畏《みかしこ》み遁走《に》ぐ。爾して其の肥長比売患《うれ》へ、海原《うなはら》を光《て》らし船《ふね》より追い来《く》。故、ますます見畏みて山のたわより御船を引き越《こ》し、逃《に》げ上《のぼ》り行《ゆ》く。

ここにいる時に、御子は一晩、肥長比売とともに寝た。そして、ふとこの乙女《おとめ》の寝姿をうかがい見たところが、その正体は大蛇《おろち》だった。そこで急に恐ろしくなって、船に飛び乗っていっさんに逃げ出した。肥長姫《ヒメ》は心に悲しく思って、海原《うなばら》を青白く光らせながら、船であとを追いかけてきた。御子はいっそう恐ろしくなり、船を陸につけると、山の低く谷になったところから、その船を引き上げて、船もろともに逃げ去った。

都にようやく帰り着いた一行は天皇に「大国主命を拝《おが》んだおかげで、御子はものをおっしゃることができるようになりました。それでこうして戻ってまいりました」と報告しました。

天皇は喜び、御子の供についていた菟上王《ウナカミノミコ》を再び出雲に派遣して、出雲大神《イズモノオオカミ》（大国主命）の宮を造らせました。

垂仁天皇陵　宝来山古墳

おわりに

この本を出すにあたってかなり迷った。
だいたい我が国の歴史に邪馬台国は登場しない。
卑弥呼も登場しない。
それを語ることになった。

日本人が日本の歴史を語らなくてどうする。
真の国際人とは日本史を知っているものである。
自国の歴史と神話を知らなくてはいけない。
我々は日本人なのだ。

この本を出すにあたっては、
憲政史家・倉山満氏、
倉山工房の雨宮美佐氏、山内智恵子氏、河鰭由起枝氏、

竹内一族会の事務局長・竹之内哲子氏、
そして、佐々木ゆりえ氏（日本歴史文化研究機構）の御尽力があった。
更に青林堂の蟹江幹彦社長のご理解もあった。
最後に総監督を務めていただいた青林堂専務の
渡辺レイ子様に感謝いたします。

今までも、これからも
日本を愛しています。
日本《にっぽん》弥栄《いやさか》！

竹内睦泰ブログ http://plaza.rakuten.co.jp/takeuchisukune/
宇宙歴史自然研究機構〈UCNO〉https://www.ucno.info/

古事記の邪馬台国年表

		主な出来事	その他
無	皇祖元主元無極主大御神		
年暦無数	（略秘）		
宇宙創成	天御中主神（帝皇日嗣初代） 高皇産霊神（帝皇日嗣２代）		
約２００億年前	神皇産霊神（帝皇日嗣３代） 宇摩志阿斯訶備比古遅神 （帝皇日嗣４代）	ビッグバン	
	天常立神（帝皇日嗣５代）	天上界の形成	
約１００億年前	天御柱神（天神初代）。 この神は天常立神の一部である。 天八下神（天神２代） 天三下神（天神３代） 天合神（天神４代） 天八百日神（天神５代）	大宇宙の発生 小宇宙の発生 宇宙の合体と消滅 太陽系に相当する宇宙が無数	

約50億年前	天八十万魂神（天神6代） 天八百万魂神（天神7代） 国常立命（帝皇日嗣6代）	意識体の創成 意識体の育成 地球誕生	
約45億年前	国御柱神が地軸となる。 この神は国常立命の一部。 豊雲野神（帝皇日嗣7代）	地球はマグマの海。隕石衝突が続く。 地球に雨が降る。	
約40億年前	宇比地邇神（帝皇日嗣8代） 皇后・須比智邇神（同9代） 共立した神のはじめ。 皇后のはじめ。 皇后は代数に含み、帝皇と同格。 角杙神（帝皇日嗣10代） 皇后・活杙神（同11代）	原始の海、誕生	
約35億年前		物体としての生物誕生 嫌気性細菌の発生	

約25億年前		好気性細菌の発生	
約15億年前	意富斗能地神（帝皇日嗣12代） 皇后・大斗乃弁神（同13代）	真核生物の発生 植物と動物が分化 巨大大陸の形成 生物の陸上進出（先カンブリア時代）	
5億7千年前		カンブリア紀（三葉虫）	
5億年前		オルドビス紀（魚類）	
4.5億年前		シルル紀（カブトガニ）	
4億年前		デボン紀（両棲類発生）	
3.5億年前		石炭紀（爬虫類発生）	
3億年前		二畳紀（シーラカンスやサンショウウオ）	

2億年前		ジュラ紀（ステゴザウルス、アロアスルス、プラキオサウルス）	
1.5億年前		白亜紀（ティラノサウルス、トリケラトプス）	
1億年前	於母陀流神（帝皇日嗣14代） 皇后・阿夜訶志古泥神（同15代） 伊弉諾神（帝皇日嗣16代） 皇后・伊弉冉神（同17代） 水蛭子神（帝皇日嗣18代）	恐竜絶滅 大陸移動開始。インドがユーラシアに激突。エベレストができる。 伊豆半島が日本本州に激突。富士山ができる。 日本創成	

淡道之穂之狭別嶋神（帝皇日嗣19代）〈八洲初代〉	淡路島
愛比売神（帝皇日嗣20代）〈八洲2代〉	伊予国
飯依比古神（帝皇日嗣21代）	讃岐国
大宜津比売神（帝皇日嗣22代）	阿波国
建依別神（帝皇日嗣23代）	土佐国
天之忍許呂別神（帝皇日嗣24代）〈八洲3代〉	隠岐国
白日別神（帝皇日嗣25代）〈八洲4代〉	筑紫国
豊日別神（帝皇日嗣26代）	豊国神（大分県）
建築日向日豊久士比泥別神（帝皇日嗣27代）	肥国神（熊本県・宮崎県）
天一柱神（帝皇日嗣28代）〈八洲5代〉	壱岐島神
天狭手依比売神（帝皇日嗣29代）〈八洲6代〉	対馬神（天一柱皇后）

佐渡島神（帝皇日嗣30代）〈八洲7代〉	外八洲では今のイギリスになる。
大倭豊秋津島神（帝皇日嗣31代）〈八洲8代〉	本州。外八洲では今のユーラシア大陸になる。
別名・天御虚空豊秋津根別神	
建日方別神（帝皇日嗣32代）	吉備国（岡山県）
大野手比売神（帝皇日嗣33代）	小豆島
大多麻流別神（帝皇日嗣34代）	大嶋
天一根神〈帝皇日嗣35代〉	姫島
天之忍男神（帝皇日嗣36代）	智訶島
天両屋神（帝皇日嗣37代）	二子島
大事忍男神（帝皇日嗣38代）	神産み
石土彦神（帝皇日嗣39代）	石の神
石巣媛神（帝皇日嗣40代）	
大戸日別神（帝皇日嗣41代）	
天吹男之神（帝皇日嗣42代）	
大屋彦神（帝皇日嗣43代）	

	（略） 天照大御神（帝皇日嗣１３２代） 月夜見命（帝皇日嗣１３３代） 須佐之男命（帝皇日嗣１３４代） 御倉板挙神（帝皇日嗣１３５代） 天忍穂耳尊 瓊瓊杵尊 彦穂々出見尊		
BC50年代	鵜草葺不合尊 五瀬尊		
BC27年			初代ローマ皇帝アウグストゥス即位
8年			前漢滅亡。
25年			後漢成立。

30年?			キリスト処刑さる。
45年			インドにクシャーナ朝興る。
57年	神武天皇即位	倭奴国王の金印を贈られる。	
67年			仏教、中国に伝わる。
75年	綏靖天皇即位		
107年	安寧天皇即位	倭国王帥升、中国に使いを送る（『後漢書東夷伝』）	
124年	懿徳天皇即位	米豊作。	
140年	孝昭天皇即位	倭国大乱始まる。	
157年	孝安天皇即位	大乱状態	
171年	孝霊天皇即位	大乱状態続く。	
184年			黄巾の乱起こる。
186年	孝元天皇即位	大乱、ほぼ収まる。	

古事記の邪馬台国年表

２０４年	開化天皇即位	二度目の東征。日巫女の時代。	
２０５年？			朝鮮に帯方郡設置。
２２０年	崇神天皇即位	二度目の東征に成功。四道将軍派遣。	
２２１年			秦の始皇帝、中国を統一。
２２６年			ササン朝ペルシャ興る。
２５４年	垂仁天皇即位		
３０４年	景行天皇即位	武内宿禰を棟梁の臣とする。	

参考文献

大田亮『系圖綱要』新人物往来者　昭和五十二（一九七七）年　（初版大正十二（一九二三）年）磯部甲陽堂
中村啓信『新版 古事記』角川書店　平成二十一（二〇〇九）年
福永武彦訳『現代語訳 古事記』河出書房新社　平成十五（二〇〇三）年
松尾光『現代語訳 魏志倭人伝』KADOKAWA／中経出版　平成二十六（二〇一四）年

真・古事記の邪馬台国

令和３年２月８日　初版発行
令和５年３月３日　第２版発行

著　者　竹内睦泰
発行人　蟹江幹彦
発行所　株式会社　青林堂
〒150-0002　東京都渋谷区渋谷3-7-6
電話　03-5468-7769
装　幀　TSTJ inc.
印刷所　中央精版印刷株式会社

Printed in Japan

ISBN 978-4-7926-0694-7

真・古事記の宇宙

竹内睦泰

急逝した第七十三世武内宿禰の竹内睦泰が残した門外不出の口伝を復刊。
著者夫人による「第七十三世武内宿禰と竹内睦泰の狭間に生きて」を特別収録。

定価1600円（税抜）

アフター・コロナの未来ビジョン

並木良和
矢作直樹

東大名誉教授とスピリチュアルリーダーの2人が語る。今後の世界情勢はどうなっていくのか、日本人の目醒めが世界平和への大切な一歩であり、ご皇室の存在が重要な鍵となる。

定価1400円（税抜）

大幸運

林雄介

この本を読み、実践すれば誰でも幸運に包まれる！林雄介の『大開運』につづく第2弾。生霊を取り祓い、強い守護霊をつければ誰でも幸運になれる、その実践方法を実際に伝授。

定価1700円（税抜）

ねずさんの知っておきたい日本のすごい秘密

小名木善行

歴史をひもとくことで知る日本の素晴らしさ
私たちの知らなかったエピソード、意外な歴史の解釈に感嘆することでしょう。

定価1600円（税抜）